7

TECHNIQUES POUR GAGNER DU TEMPS

Le guide ultime pour augmenter sa productivité et gagner du temps pour SOI

Dimitri Carlet et Séverin Sauzède

Avant de commencer

Avant de passer à la suite, téléchargez dès maintenant votre *PackVIP* contenant :

- ✓ Le **cahier d'exercices**, regroupant la synthèse des conseils du livre et les instructions à suivre pour les appliquer dans votre quotidien ;
- ✓ La liste des **31 outils pour gagner du temps** ;
- ✓ Le guide « **Techniques avancées pour multiplier votre temps** », qui vous fournira des pistes inédites pour créer encore plus de temps.

Mettez toutes les chances de votre côté d'instaurer un vrai changement dans votre vie en téléchargeant et exploitant ces bonus offerts ici :

https://bit.ly/GTEMPS

SOMMAIRE

Introduction

You are young and life is long and there is time to kill today.

And then one day you find ten years have got behind you.

No one told you when to run, you missed the starting gun.

Time, Pink Floyd

Dans tous les livres que j'ai écrits, quels que soient le sujet et la thématique, on retrouve un chapitre dédié à la gestion du temps.

Pourquoi ?

Car le temps est la seule véritable richesse que nous possédions.

Réussir, gagner de l'argent, gagner sa vie, ne sert qu'à une seule chose : avoir la liberté, par instant, de ne pas se soucier du temps qui passe.

Cela peut être aussi simple qu'apprécier la beauté d'un paysage, sourire en écoutant le zozotement d'un enfant de trois ans, ou aller se coucher en semaine sans mettre de réveil.

Inversement, il est impossible de franchir un nouveau cap et d'atteindre de nouveaux objectifs sans y consacrer du temps.

Le temps est à la fois une ressource nécessaire et escomptée. Consacrer du temps pour en gagner.

Si vous n'avez pas d'argent, de connaissances, de réseaux, c'est toujours plus difficile de réussir un nouveau projet, quelle qu'en soit la nature. Mais si, en plus de n'avoir rien de tout ça, vous n'avez pas non plus le temps, alors vous êtes condamné(e) à vivre votre vie actuelle et à vous en contenter, sans espérer rien d'autre que la chance.

Nous ne sommes pas tous égaux vis-à-vis du temps. Mais je suis convaincu d'une chose, que je vais tenter de vous démontrer au fur et à mesure des pages de ce livre : nous avons tous la possibilité de gagner le temps nécessaire pour franchir un nouvel objectif qui nous semble très ambitieux.

Il est assez frappant de voir que les best-sellers sur le sujet de la gestion du temps sont souvent des livres qui datent du début des années 2000, voire des livres bien plus anciens, comme ceux de Stephen Covey, Brian Tracy et David Allen.

Ce sont de très bons livres, mais si vous lisez ceci, vous cherchez peut-être aussi un raccourci : c'est ce que vous trouverez dans cet ouvrage.

En allant au bout de cette lecture, vous découvrirez la synthèse ultime de tout ce qui a été dit sur le sujet (ou presque !). Vous apprendrez des méthodes et outils que vous n'auriez pas assez d'une vie pour acquérir si vous deviez lire tous les livres qui les détaillent.

Ce livre a été un challenge à écrire, comme à chaque fois, mais aussi une occasion de vérifier que j'applique bien, personnellement, les outils et les méthodes que je vous conseille. C'est bien la moindre des choses.

Mais il a été aussi l'occasion de faire des découvertes.

De trouver des approches alternatives et complémentaires, au-delà des techniques classiques pour planifier, s'autodiscipliner et prioriser ses tâches.

Vous trouverez donc aussi des concepts et des idées qui peuvent vous faire envisager le temps différemment.

Nous verrons en particulier comment :

- **créer** du temps ;
- l'économiser ;
- et mieux l'utiliser.

Si votre seul but est de passer à l'action, de trouver des idées pour gagner du temps et de les mettre en pratique pour gagner plusieurs heures par semaine, après une lecture de deux ou trois heures maximum…

Alors cet ouvrage est fait pour vous !

Voici les prochaines étapes du processus que vous allez utiliser pour dompter votre agenda, gagner en productivité et redevenir le maitre des horloges :

1. ***Simplifier :*** vous disposez de sources d'économies de temps insoupçonnables, que nous étudions dans cette première étape pour tout de suite vous libérer du temps, sans même que vous vous en rendiez compte.

2. ***Clarifier :*** nous allons faire le point sur vos objectifs à long terme et vous inciter à vous interroger sur vos choix au quotidien.

3. ***Prioriser :*** une fois vos objectifs prioritaires définis, concrets et actionnables, il ne vous restera plus qu'à suivre chaque étape pour les transformer en projets et tâches concrètes.

4. ***Planifier :*** maintenant que vous savez à quoi allouer votre temps, nous allons vous apprendre comment organiser vos diverses missions au quotidien.

5. ***Multiplier :*** nous introduisons ici des pistes pour multiplier le temps disponible, et en créer par des moyens moins conventionnels.

6. ***Se concentrer :*** la concentration est un des éléments clés pour atteindre plus vite les résultats que vous visez. Vous trouverez dans ce chapitre toutes les astuces pour la booster au maximum et accélérer vos résultats.

7. ***Combattre la procrastination*** *:* même après tout ce travail, il est possible que vous soyez sujet à la procrastination.

> Nous explorons l'ensemble des stratégies et des techniques pour la combattre au quotidien, réussir à vous concentrer sur l'essentiel et à passer à l'action, même quand l'envie n'y est pas.

Pas de bla-bla, pas de théorie sans fin pour remplir les pages de ce livre. Uniquement du concentré de bonnes idées pratico-pratiques, à mettre en œuvre tout de suite pour gagner du temps au fur et à mesure de votre lecture.

Je mets à votre disposition le guide le plus pratique et synthétique, celui que j'aurais aimé trouver il y a plus de dix ans en arrière alors que je perdais des années de vie et ma jeunesse sans même m'en rendre compte.

Quels que soient votre situation et le stade auquel vous en êtes, mon ambition est de vous permettre de gagner des heures, des mois et même des années de vie, en évitant les pièges dans lesquels je suis tombés.

Alors, prêt(e) à retrouver la maitrise de votre emploi du temps ?

ÉTAPE 1 :

Simplifier

La perfection est atteinte, non pas lorsqu'il n'y a plus rien à ajouter, mais lorsqu'il n'y a plus rien à retirer

Antoine de Saint-Exupéry

Éliminer et simplifier sont les étapes les plus importantes, mais souvent oubliées, qui font toute la différence pour remettre son organisation dans le sens de la marche…

Avant d'optimiser notre système de gestion, d'acquérir des bons réflexes et de prendre de nouvelles résolutions, on oublie souvent une étape essentielle : ***faire le tri***.

Quelles sont les tâches et les activités qui vous prennent trop de temps ? Dans la sphère professionnelle comme personnelle ?

Qu'est-ce qui semble inutile, inefficace, fastidieux ou ennuyeux quand vous vous repassez votre journée en accéléré ?

Je vous propose de commencer par trouver des réponses à ces questions avant d'aller plus loin.

Il est souvent nécessaire de passer d'abord la débroussailleuse avant la tondeuse quand on a laissé son jardin en friche pendant quelque temps.

Éliminez - quelques exemples pour commencer

3 h 40, c'est le temps que les Français ont passé en moyenne par jour à regarder la télévision en 2019[1]. Impressionnant, non ?

2 h 16, c'est le nombre d'heures moyen par jour que l'utilisateur lambda passe sur les réseaux sociaux[2]. Ce temps passé par jour a augmenté de 40 % ces cinq dernières années.

Quels sont les engagements, réunions, activités annexes que vous pourriez éliminer, réduire, simplifier, au moins à court terme, le temps de refaire le point complet de votre organisation et de repartir sur de bonnes bases ?

Voici quelques exemples de tâches qui nous prennent souvent trop de temps et des solutions pour les éliminer ou en diminuer l'impact :

---

[1] https://www.rtl.fr/culture/medias-people/retro-2019-quels-programmes-tele-ont-marque-l-annee-7799807374

[2] https://wearesocial.com/fr/blog/2019/01/global-digital-report-2019

Tâches/Activités	***Actions***	***Gain de temps possible***
Trop de télévision, de réseaux sociaux, de Netflix, YouTube, etc.	*Supprimer, diminuer*	*30 min/jour*
Trop de temps passé avec les emails	*Ne vérifier les messages que 3 fois/jour*	*30 min/jour*
	Limiter toutes les réponses à 5 lignes	*30 min/jour*
	Apprendre la dactylo	*30 min/jour*
Trop de réunions inutiles	*Annuler et décliner certaines réunions*	*30 min/jour*
	Commencer et terminer toutes les réunions à l'heure	*10 min/jour*
	Diminuer les réunions d'une heure à 45 min	*15 min/jour*
Interruptions	*Une tâche à la fois*	*30 min/jour*
	Mode avion, supprimer les notifications, mettre des écouteurs pour traiter certaines tâches	*30 min/jour*

Cette liste n'est pas exhaustive, et nous allons continuer d'explorer d'autres options pour simplifier votre quotidien.

Mais pour commencer, à la lumière de cette liste initiale, que pouvez-vous déjà éliminer ?

Combien de temps pouvez-vous gagner avec cette première étape très simple ?

Une première étape : dites stop !

Que faire en cas de fuite d'eau ?

Si vous êtes confronté un jour à ce problème, une des premières étapes consiste à arrêter l'arrivée d'eau en agissant au niveau du robinet central ou de la vanne d'arrêt général.

Avant d'aller plus loin dans notre quête pour retrouver du temps et améliorer notre organisation et notre productivité, nous allons réaliser une première action d'urgence : **arrêter d'accepter de nouveaux engagements** !

Savoir dire non, fermement et avec le sourire, c'est un art indispensable qu'il va falloir acquérir ou développer.

Je vous propose de commencer par ce point dès maintenant, pour vous aider à fermer le robinet en douceur, sans froisser votre entourage, vos clients ou vos supérieurs.

Le principe est simple : à partir de maintenant, vous allez devoir ***dire non à tout ce qui n'est pas indispensable ou vital***.

Voici quelques astuces pour dire non efficacement et sans froisser :

- Faites une pause : quand on vous sollicite pour faire quelque chose d'imprévu, commencez par marquer un temps d'arrêt et de silence. Essayez vraiment : vous avez de grandes chances que la personne en face remplisse le vide au bout de trois secondes en vous disant de laisser tomber et d'ignorer sa demande.

- Temporisez : notez la demande et dites à votre interlocuteur que vous reviendrez vers lui plus tard, après avoir consulté votre agenda et vos priorités du moment. Et, un peu plus tard… dites non ;)

- Dites « non, mais » : répondez par une phrase commençant par « J'aurais vraiment aimé vous aider avec [*tâche non prévue*], mais actuellement, je suis pris à 100 % sur un projet prioritaire. Je vous propose qu'on en reparle d'ici quelque temps, quand j'aurai mené à bien ce projet important ».

- Activez le message d'absence de votre messagerie quand vous avez besoin de travailler sur une tâche prioritaire, même quelques heures dans une journée. Une manière automatique de dire « non, pas tout de suite » et de faire comprendre à votre interlocuteur qu'il devra attendre un peu. Souvent, l'urgence a disparu quand vous êtes à nouveau disponible.

- Enfin, si on vous laisse comprendre que vous n'avez pas le choix, par exemple pour une urgence en provenance de votre supérieur ou d'un client, alors dites : « oui, mais quelle priorité dois-je annuler pour pouvoir faire entrer cette nouvelle priorité dans l'agenda ? », et faites l'énumération de vos tâches les plus prioritaires.

Vous n'avez pas le temps de tout faire. Dire non systématiquement, c'est dire oui à vos priorités.

Dire oui par défaut, c'est dire non à vos priorités ou accepter des engagements que vous n'arriverez pas à tenir.

Qu'est-ce que je ne vais pas faire ?

Je suis parfois dubitatif, pour le moins, quand je vois le succès de certains livres faisant l'apologie de techniques destinées quasi-exclusivement à faire tenir toujours plus de tâches dans votre agenda.

Et à en faire toujours plus…

La productivité serait un moyen pour passer le moins de temps possible sur les tâches rébarbatives ? Réaliser toujours plus vite toutes les tâches ennuyeuses et gagner ainsi le temps nécessaire pour faire ce qui nous rend vraiment heureux ?

Si on partait d'un autre point de départ ?

Si on reprenait le droit de dire stop, de dire non, et de chercher ce qui nous rend heureux en éliminant au maximum le rébarbatif, l'ennuyeux et l'inutile ?

Éliminer et supprimer plutôt qu'accélérer.

Avec cette logique, votre productivité sera déjà votre capacité à éliminer un maximum de tout ce qui n'apporte aucune valeur, ni à vous, ni à ceux qui vous entourent.

Par conséquent, le meilleur effort à court terme pour gagner du temps à long terme, bien avant d'appliquer telle ou telle méthode à la mode chez les startuppers, est avant tout de ***ne pas faire ce qui n'est pas utile***.

Un premier outil peut nous aider dans cette quête de liberté et de reprise en main de notre quotidien : la ***not-to-do list***.

Not-to-do list

La not-to-do list est une liste de choses que vous vous engagez à *ne pas faire*. Vous connaissez certainement déjà très bien les tâches que vous acceptez trop facilement, les choses inutiles que vous faites régulièrement, les sources de perturbation et de gaspillage de temps.

Comme vous dressez très certainement votre liste d'actions à faire, ou to-do list, l'idée est de lister toutes les choses que vous vous engagez à ne pas (ou plus) faire au quotidien, comme :

- les sollicitations auxquelles vous n'osez pas toujours dire non ;
- les activités sans valeur ajoutée que vous faites machinalement ;
- toutes les mauvaises habitudes qui vous font perdre du temps au quotidien.

Vous pouvez ensuite afficher cette liste sur votre lieu de travail pour vous rappeler constamment ces engagements.

Comment composer votre not-to-do list ?

Il y a plusieurs solutions pour composer une not-do-do list qui vous aide à ne plus perdre de temps inutile au quotidien. Voici quelques suggestions pour trouver des idées :

- Passez en revue une journée ou une semaine type pour trouver des actions inutiles à éliminer ;
- Si le point précédent ne fonctionne pas, reprenez votre agenda des dernières semaines et notez tout ce qui vous a fait perdre de précieuses minutes ;
- Faites une liste complète de tout ce que vous pensez avoir à faire (votre to-do list), et posez-vous ces deux questions : « Qu'est-ce que je peux éliminer ou sous-traiter, qu'est-ce qui a le moins d'impact ? ».

Vous pouvez aussi prendre exemple sur d'autres. Cherchez l'expression exacte "not to do list" dans votre moteur de recherche préféré, et récoltez des idées de tâches à ne plus faire en vous inspirant des exemples des autres.

Voici celle que j'utilise au quotidien :

- Ne jamais commencer la journée en me connectant à ma boite mail.

- N'ouvrir aucune boite mail avant d'avoir réalisé ma première tâche la plus importante du jour.
- Pas de réseaux sociaux avant 13 h.
- Pas de réseaux sociaux avant d'avoir terminé au moins deux séances de 1 h 30 de travail en concentration maximale (voir chapitre 6).
- Refuser les réunions sans ordre du jour ni heure de fin.
- Ne plus bavarder sur mon lieu de travail.
- Ne consulter et traiter mes emails que deux à trois fois par jour maximum.
- Ne pas travailler avec mon smartphone à proximité.
- Ne pas accepter de tâches non prévues dans ma to-do list. Dire non en proposant une explication, une solution de remplacement, ou une planification ultérieure. N'accepter que de manière exceptionnelle, en cas d'urgence.
- Ne pas terminer ma journée de travail après 18 h.

D'autres pistes

Je crois vraiment en l'importance et au pouvoir de la simplification. La meilleure manière d'économiser du temps (comme de l'argent), c'est de ne pas en gaspiller.

Voici quelques conseils complémentaires pour vous simplifier le quotidien.

Simplifiez-vous l'email et les réseaux sociaux

L'email et les réseaux sociaux sont devenus une de nos sources majeures de perte de productivité. Voici plusieurs techniques pour éviter que vos journées ne soient gouvernées par votre boite mail ou vos notifications :

- Désactivez les notifications des mails, des réseaux sociaux, et plus globalement de toutes les applications sur votre ordinateur ou sur votre smartphone.

- Fermez ces applications : mails, réseaux sociaux, etc.

- Ne commencez pas vos journées par eux.

- Connectez-vous à des horaires prévus à l'avance, deux ou trois fois par jour maximum, moins si vous pouvez.

- Quand vous traitez vos mails et répondez aux messages sur vos réseaux sociaux, gérez tout d'un coup, n'en laissez pas en suspens, sans réponse, supprimez les autres.

- Prévenez à l'avance vos contacts de ce nouveau fonctionnement, et indiquez en signature de vos mails que vos messages ne sont relevés que quelques fois par jour. Communiquez un numéro où vous appeler uniquement aux personnes clés pour qui vous devez rester joignable en cas d'urgence.

- Activez votre message d'absence en dehors des plages prévues.

- Décidez rapidement quoi faire de chaque message : le supprimer, l'archiver, y répondre tout de suite si cela prend moins de deux minutes, le transférer, ou alors le transformer en action sur votre to-do list, votre bujo[3] ou votre système de gestion des priorités.

- Forcez-vous à ignorer de plus en plus de messages non prioritaires. La Terre va-t-elle s'arrêter de tourner si vous n'y répondez pas ? Croyez-moi : si la demande est urgente ou prioritaire, elle reviendra !

Simplifiez votre environnement

Mettre son intérieur en ordre, c'est aussi souvent mettre de l'ordre dans ses idées.

En plus de diminuer le stress, avoir un intérieur désencombré, rangé et épuré vous fera gagner du temps au quotidien, et vous rendra certainement les idées plus claires.

C'est parfois aussi simple que ça : ranger son environnement pour mieux visualiser l'important et prioriser son quotidien.

- Gérez vos papiers dès qu'ils arrivent : comme avec les emails, prévoyez de gérer votre courrier par paquets, ouvrez toutes vos lettres, traitez ce qui dure moins de deux minutes tout de suite, planifiez ce qui demande une action plus

---

[3] « Bujo » est l'abréviation de « bullet journal ». En anglais et dans ce contexte, « bullet » fait référence aux puces des listes : le bullet journal est donc un document où l'on dresse des listes, point par point (par exemple de choses à faire, mais pas uniquement).

longue, classez tout le reste et jetez les papiers inutiles dans la foulée.

- Procédez par étapes, pièce par pièce, endroit par endroit : chaque jour, occupez-vous d'un tiroir, d'un placard, d'une penderie. Sortez tout le contenu et débarrassez-vous de tout ce qui n'est pas crucial. Si vous avez un doute, c'est que l'objet en question n'est pas essentiel.

- Nettoyez chaque zone nouvellement rangée et contemplez le résultat.

Faites de ces principes de simplification de votre environnement, ne serait-ce que 10 à 15 minutes par jour, une nouvelle règle et une nouvelle habitude au quotidien, et vous verrez bientôt les résultats en appréciant la vue d'un intérieur rangé, propice à l'organisation.

Une dernière solution…

Si vous n'avez toujours pas trouvé de piste pour dégager suffisamment de temps et ne pas vous sentir constamment acculé, c'est que le mal est plus profond.

Dans ce cas, voici ce que je vous propose : arrêtez-vous !

Faites une pause.

Cela peut paraitre paradoxal, mais depuis quand n'avez-vous pas pris de temps uniquement pour vous ?

On sous-estime parfois le bienfait d'une pause complète, même de quelques jours seulement, pour recharger les batteries et reprendre de la hauteur.

Organisez une retraite, préparez tout ce qu'il faut pour ne pas être dérangé(e) par le quotidien pendant au moins une demi-journée ou même encore mieux : évadez-vous plusieurs jours. Ennuyez-vous, baladez-vous, et oubliez les urgences, vos applications, les réseaux sociaux…

Faites place au silence et évadez-vous mentalement et physiquement. Changez d'endroit et explorez des paysages inspirants (pas besoin de traverser le globe pour ça). Il n'y a rien de tel pour retrouver le goût de l'ennui et de la réflexion propice à la prise de recul dont vous avez très certainement besoin.

Vous serez alors dans les conditions idéales pour passer à la prochaine étape : **Clarifier**.

ÉTAPE 2 :
Clarifier

Avec une vision à long terme, vous améliorez votre capacité d'évaluation.
Brian Tracy

Comment réussir à mieux gérer son temps, si on ne sait pas où on souhaite aller ?

Comment faire pour choisir la bonne tâche à démarrer maintenant parmi toutes les tâches d'une to-do list parfois longue comme le bras ?

Quoi que vous fassiez, quels que soient les outils et les nouvelles techniques que vous trouverez, **vous n'arriverez jamais au bout de votre to-do list**.

J'ai mis longtemps à accepter ce principe fondamental : il n'y a pas assez de temps dans une vie pour tout faire.

La conclusion de ce constat impitoyable mais nécessaire ?

Il va falloir commencer par **choisir**…

Le principal objectif va être de vous donner les clés pour décider beaucoup plus facilement quelle sera votre prochaine tâche une fois que vous venez d'en réaliser une.

Finis les dilemmes perpétuels et la paralysie de l'analyse[4] ! Tout va être beaucoup plus limpide si vous suivez les prochaines étapes, essentielles pour vous organiser et reprendre le contrôle de votre agenda, de votre to-do list et…

… de votre vie.

Le pouvoir des questions

Se poser des questions est une des meilleures méthodes pour prendre du recul et redéfinir des objectifs à long terme cohérents avec votre vision et vos valeurs.

Je vous ai concocté une liste des meilleures questions pour faire cet exercice. Installez-vous au calme dans un endroit où vous ne serez pas dérangé(e), prenez un cahier, choisissez quelques-unes des questions qui vous inspirent dans la liste suivante, et répondez-y en laissant libre cours à votre imagination :

- Qu'est-ce que j'aime faire dans la vie ? Quelles sont mes passions ? Quelle activité m'absorbe au point d'oublier de manger ?

---

4 La paralysie d'analyse décrit un moment où une analyse trop poussée ou une trop intense réflexion face à une situation peut l'amener à devenir « paralysée », ce qui signifie qu'aucune action n'a été prise, et par conséquent, qu'aucune solution n'est proposée. Retrouvez plus de détails sur cette page : https://fr.wikipedia.org/wiki/Paralysie_d'analyse

- Qu'est-ce qui m'enthousiasmait quand j'étais enfant ? Que puis-je faire maintenant pour retrouver le même enthousiasme ?

- Quels sont mes talents naturels (*vous en avez forcément, si vous ne savez pas répondre, demandez à des personnes de confiance de répondre à votre place*) ? Quelles sont les choses que je fais naturellement très bien, sans y penser ?

- Si je pouvais exceller dans un seul domaine, quel est celui que je choisirais ?

- Quelles sont mes valeurs ? Qu'est-ce qui est important pour moi ? Quelles sont les choses les plus importantes dans ma vie, mon travail et dans tous les autres domaines personnels et professionnels ?

- Quelles sont les qualités que je souhaiterais développer et les principes fondamentaux que je veux suivre au quotidien ?

- Qu'est-ce que je déciderais de faire maintenant si j'étais sûr(e) de ne pas pouvoir échouer ?

- Quelles sont les choses que je devrais changer ou arrêter de faire ?

- Qu'est-ce que j aime apporter aux autres ? Si ma vie devait symboliser un message, quel serait-il ?

Vous retrouverez ces questions, ainsi que tous les autres exercices pour mettre en pratique les enseignements et conseils du livre, dans votre cahier d'exercices disponible gratuitement avec vos bonus à cette adresse :

https://bit.ly/GTEMPS

Définissez vos objectifs à long terme

En jouant le jeu des questions précédentes, vous avez une vision plus claire ou rafraichie de ce qui vous tient particulièrement à cœur, de vos valeurs et de la direction que vous souhaitez donner à votre vie à long terme.

Il ne reste plus qu'à traduire cette vision en objectifs.

Qu'aspirez-vous à faire au cours de votre vie ?

Dans les dix prochaines années ? Dans cinq ans ? Dans trois ans ? Cette année ?

Ce mois-ci ?

Il est de nouveau intéressant de prendre du temps pour répondre concrètement à ces questions, papier et crayon en main.

Ce n'est pas toujours facile, encore moins si c'est la première fois que vous faites cette analyse et que vous vous posez ce genre de questions.

Vos objectifs n'ont pas besoin d'être parfaits pour l'instant. Le plus important est de les avoir définis et même, encore mieux, de les avoir affichés quelque part où vous pourrez les visualiser facilement.

Nous verrons par la suite comment améliorer et affiner ces objectifs continuellement, au fur et à mesure de vos avancées et de l'amélioration de votre organisation.

Quelques astuces supplémentaires

Même si vous investissez du temps pour vraiment prendre en compte les réflexions de cette partie et que vous jouez le jeu de répondre aux questions, il est possible que tout ne soit qu'un épais brouillard, duquel vous avez bien du mal à sortir quelque chose de concret.

Si c'est le cas, c'est tout à fait normal. Quand on débute, et même quand on a l'habitude de ce genre d'exercices, on se retrouve vite de nouveau englué dans le quotidien, la tête dans le guidon, avec toutes les difficultés du monde à s'en extirper pour prendre un peu de recul.

Voici en complément quelques conseils pour vous remettre dans les bonnes conditions et empêcher le quotidien de reprendre le dessus.

Dormez

Très basique comme conseil, je vous l'accorde. Mais comme souvent, les conseils les plus basiques sont les plus importants.

Il arrive fréquemment que l'on commence à grignoter sur les heures de sommeil pour essayer de tout faire tenir dans une journée.

Bien dormir, faire des siestes : on revient à la base, mais il n'y a rien de plus important pour garder une vue globale et réussir à faire la différence au quotidien entre ce qui est essentiel et ce qui ne l'est pas.

Il a même été démontré qu'une courte sieste augmente la créativité. Le sommeil est une arme capitale pour réfléchir, trouver des raccourcis et des solutions à des problèmes, et travailler plus efficacement.

Et vous ? Combien d'heures par nuit avez-vous dormi la semaine dernière ? Combien de nuits de moins de 7 heures de sommeil ? Combien de siestes vous êtes-vous autorisé ?

Posez-vous cette question : est-ce que vous dormez assez ?

Si la réponse n'est pas « oui, bien sûr », il se pourrait que vous ayez déjà une piste d'amélioration sérieuse de votre organisation, mais aussi de votre qualité de vie.

Journaling

Comme le dit Hal Elrod dans le livre *The Miracle Morning*, « *en couchant vos pensées sur papier, vous obtenez des informations précieuses que vous n'auriez jamais vues autrement* ».

Pas besoin d'écrire un roman chaque jour pour que votre journal vous aide à mieux définir et redéfinir vos objectifs. Si vous prenez l'habitude, grâce à lui, de coucher régulièrement sur papier quelques réflexions et avancées quotidiennes, vous vous créez un formidable outil pour prendre du recul et clarifier vos objectifs et votre vision à long terme.

Comme pour toute nouvelle habitude, si vous ne pratiquez pas encore le journaling, le mieux est l'ennemi du bien. Commencez par écrire une ou deux phrases par jour pour démarrer. Forcez-vous à commencer petit, en visant d'abord la régularité au quotidien pendant 30 jours pour ancrer l'habitude.

Vous ne savez vraiment pas quoi mettre dans votre journal ? Voici une première série de questions à vous poser en cas de panne sèche :

- Quelles sont les 3 choses qui rendraient cette journée parfaite

- 3 choses pour lesquelles je suis reconnaissant

- 3 affirmations positives

- 3 idées au hasard

- 3 personnes à recontacter

- 3 choses dont je suis fier (journal du soir)

- Une chose que j'aurais pu mieux faire et que je vais améliorer (journal du soir)

- 3 choses que j'ai faites ou dont je suis fier (journal du soir)

- Un sujet de réflexion, une question à laquelle je cherche encore une réponse, une idée à creuser (journal du soir)

Petit à petit, cette nouvelle habitude deviendra un réflexe, et votre journal le lieu d'expression et de prise de recul idéal pour affiner votre vision et clarifier vos objectifs.

Mieux vaut fait que parfait

Vos objectifs ne seront jamais parfaits, et ce n'est pas grave. Il vaut mieux des objectifs imparfaits, mais que vous revoyez régulièrement en tenant compte de l'évolution de votre situation, que des objectifs formidables mais théoriques, qui ne vous sont d'aucune utilité au quotidien.

Quels sont vos principaux objectifs ? À dix ans, cinq ans, trois ans, un an, six mois, trois mois, un mois ?

Je vous donne une dernière occasion si vous n'avez toujours pas réussi à les définir : prenez un papier et un crayon et notez tout ce qui vous passe par la tête pendant dix minutes.

- Que voulez-vous avoir réalisé ? Qui voulez-vous devenir ?
- Quels projets voulez-vous mener et faire aboutir ? Quels sont les rêves que vous pourriez regretter de ne pas avoir concrétisés ? Que feriez-vous dès maintenant si vous n'aviez pas de contrainte d'argent et que vous ne pouviez pas échouer ?
- Quelles limitations personnelles souhaitez-vous dépasser ?
- Quels objets souhaitez-vous obtenir ?
- Quelles nouvelles compétences souhaitez-vous acquérir ?

- Quel message principal voulez-vous transmettre à vos proches, vos collègues, vos clients, vos supérieurs ? Comment voulez-vous contribuer ? Comment voulez-vous changer la vie des gens qui vous entourent ?

- Pour quelles causes souhaitez-vous vous engager ? Qu'est-ce qui vous exalte ? Qu'est-ce qui vous enthousiasme ?

- Quelles valeurs voulez-vous développer et transmettre aux autres ? Quels sont les principes fondamentaux qui devraient vous inspirer au quotidien ?

- Pourquoi vous êtes-vous levé(e) ce matin ?

Répondez à ces questions et à celles du *Pouvoir des questions* plus haut sans trop réfléchir. Notez tout ce que vous pouvez en dix minutes et considérons que vos réponses sont la version 1.0 de vos objectifs à long terme.

C'est largement suffisant pour commencer !

Enfoncez le clou

Le journal vous permet de conserver précieusement de nombreuses informations utiles pour gagner en clarté, et à garder et renforcer le fil de vos actions au quotidien en direction d'une vision.

Mais ce n'est pas le seul outil qui peut vous permettre de mieux ancrer ces objectifs à long terme dans votre vie de tous les jours. En voilà d'autres qui vous aideront à garder le fil de votre vision à long terme :

- Affirmations/intentions : si vous avez noté vos principaux objectifs à long terme, même en version 1.0, les relire régulièrement, et idéalement à voix haute tous les matins, peut augmenter leur présence à votre esprit au quotidien.

- Visualisation : un des outils utilisés par de nombreux athlètes ou champions dans de nombreux domaines. Visualiser l'atteinte de vos objectifs dans les moindres détails peut apporter un plus et vous aider à faire des choix plus cohérents au jour le jour.

- Affichage, tableau de visualisation : ce n'est pas un hasard si le management visuel est en vogue dans de nombreuses entreprises. Afficher vos objectifs à un endroit où vous passez tous les jours (et ne pouvez donc pas les manquer) jouera très certainement un rôle positif. De même que votre not-to-do list sera plus facile à respecter si vous l'affichez en gros à l'endroit où vous passez le plus de temps.

Désormais, vous avez normalement réussi à vous dégager plusieurs heures par semaine/jour, et vous savez à quel(s) objectif(s) de vie vous souhaitez allouer ce temps fraichement obtenu.

Pour autant, toutes les actions et tâches ne se valent pas, c'est pourquoi nous allons passer à l'étape suivante : **Prioriser**.

ÉTAPE 3 :

Prioriser

Nous pouvons nous sentir productifs lorsque nous passons constamment d'une chose à l'autre, lorsque nous faisons constamment quelque chose, mais en toute honnêteté, ce n'est pas le cas. Nous sommes juste distraits.

Leo Babauta

Aller à l'essentiel :

L'essentialisme est une discipline basée sur un système pour déterminer où se trouve notre véritable contribution. Puis, faire que l'exécution de ces tâches à forte valeur ajoutée se fasse sans effort.

Greg McKeown

Comme je le disais précédemment, il y aura toujours plus à accomplir. Une to-do list n'est jamais terminée. Soi-même ou un autre, il y aura toujours quelqu'un pour y ajouter une nouvelle ligne que nous n'avons pas le temps de mener à bien.

Dès qu'on accepte ce constat, il ne reste plus qu'une seule solution : ***prioriser !***

Si vous ne faites pas le choix de prioriser tout ce que vous faites, quelqu'un d'autre le fera à votre place et remplira chaque jour votre to-do list de tâches qui vous empêcheront, à terme, de vous réaliser.

L'objectif de ce chapitre est de vous donner toutes les clés pour découvrir votre véritable contribution possible, et vous aider à exprimer ce potentiel en réalisant ce qui compte *vraiment* pour vous.

Trop de choix

Une des principales raisons à l'origine de nos to-do lists à rallonge et qui n'en finissent plus de s'allonger, c'est notre difficulté à faire des choix.

Est-ce qu'un des exemples qui suivent ressemble à des situations vécues :

- Un client vous sollicite pour une commande importante alors que vous aviez décidé de prendre votre semaine pour avancer sur votre projet de site internet.

- Votre responsable vous propose un nouveau projet à commencer tout de suite alors que vous n'avez pas terminé d'assurer la formation d'un nouveau collaborateur.

- Vous devez terminer la rédaction de votre livre, mais un client vous demande une retouche sur une commande.

- Vous planchez sur la création d'une nouvelle offre de service, mais avant de la terminer et de la mettre en ligne, une nouvelle idée que vous trouvez encore plus pertinente apparait.

- Vous souhaitez créer votre formation en ligne, mais de nouveaux clients vous sollicitent pour les accompagner individuellement.

- Vous venez de changer de job il y a à peine six mois et un chasseur de tête vous sollicite pour un poste qui semble meilleur, sur le papier.

Le choix n'a jamais été aussi important… mais le risque de se disperser et de succomber au syndrome de l'objet brillant[5] (au détriment de notre capacité à exécuter nos plans) non plus.

Faites face, choisissez et évitez les regrets

Voici trois affirmations, tirées du livre « Essentialism » de Greg McKeown, qui peuvent vous permettre de préparer votre to-do list :

- La plupart des choses sont superflues ;

---

[5] Le syndrome de l'objet brillant consiste à être toujours attiré par la nouveauté : acheter un nouveau téléphone, suivre une nouvelle formation, adopter une nouvelle habitude… En espérant que cette nouveauté améliorera le quotidien. https://www.penserchanger.com/le-syndrome-de-lobjet-brillant-comment-ne-plus-etre-distrait

- Je suis capable de tout, mais je ne peux pas tout faire ;
- Je décide de prioriser l'essentiel.

Maintenant, avec ces trois affirmations en tête, passez en revue votre to-do list, personnelle comme professionnelle (je vous conseille d'ailleurs d'en faire une seule pour les deux domaines).

Partez du principe que votre to-do list, c'est le caddie que vous avez rempli à ras bord car vous êtes allé faire les courses sans liste et le ventre creux. Si vous ne voulez pas regretter vos achats compulsifs, que devriez-vous remettre en rayon avant de passer à la caisse ?

Afin d'éviter les regrets, il n'y a pas de meilleur moment que maintenant pour décider d'effectuer de véritables choix.

Les deux questions que nous pouvons nous poser régulièrement pour sortir de ce piège dans lequel nous retombons inconsciemment, dès que la routine reprend ses droits, sont les suivantes :

- Qu'est-ce que je risque de regretter si je ne change rien et que je ne fais pas les bons choix maintenant ?
- Qu'est-ce que je peux faire maintenant et qu'est-ce que je choisis pour ne pas avoir de regrets plus tard ?

Et si nous décidions une fois pour toutes qu'être occupé et overbooké était le signe d'une mauvaise organisation, et une occasion de revoir entièrement notre système de priorité ?

Transformez votre objectif en plan d'action

Un objectif, aussi SMART soit-il (Spécifique – Mesurable – Ambitieux – Réaliste – Temporel), peut tout de même receler des pièges au moment du début de son exécution.

Le premier consiste à reculer le véritable passage à l'action en ajoutant un certain nombre de tâches de préparation qui nous semblent nécessaires, mais qui sont souvent là pour nous rassurer et reculer d'autant la véritable sortie de notre zone de confort.

Chercher une formation, faire des recherches sur le sujet, lire des livres de référence, écouter ces podcasts... Ces activités sont très intéressantes et peuvent s'avérer utiles, mais elles sont aussi très souvent une occasion de rester dans sa zone de confort. Ce sera formidable pour votre culture générale, mais vous risquez bien de ne jamais atteindre vos objectifs de cette manière.

La solution à ce problème ?

On en revient à l'idée de l'objectif unique sur une période courte de 30 jours ou de 6 semaines maximum.

Sur une période courte, vous n'avez pas le choix, vous devez passer à l'action. Si vous avez pour objectif d'écrire votre livre et de le publier, il me semble que vous mettez plus de chances de votre côté si vous séparez cet objectif en trois étapes, et donc en trois projets très courts :

1. Projet 1 : écrire le premier jet en 30 jours

2. Projet 2 : corriger et éditer le manuscrit en 30 jours

3. Projet 3 : planifier le lancement et publier le livre en assurant sa promotion en 30 jours.

Au contraire, si vous partez avec l'objectif d'écrire et de publier votre livre en trois mois, vous augmentez les chances de procrastiner et de passer trop de temps en recherches et en réflexion avant de taper les premiers mots de votre manuscrit.

Si vous redécoupez votre projet en trois sous-parties comme dans l'exemple du haut, vous n'avez pas le choix : vous devez commencer à écrire très rapidement et chaque jour le nombre nécessaire de mots pour réussir à atteindre l'objectif du premier jet terminé au bout de 30 jours.

Ce principe fonctionne quel que soit le projet. Plus l'échéance est courte et votre projet spécifique, moins vous perdrez de temps et plus vous serez contraint de passer vraiment à l'action.

Comment devez-vous redéfinir votre objectif pour que votre premier projet soit réalisable en 30 jours ou en 6 semaines maximum ?

Limitez vos tâches à l'essentiel

Une dernière étape pour passer à l'action maintenant que votre projet est redéfini à une échéance de 30 jours à 6 semaines : définir la liste des tâches et des étapes pour passer de votre situation actuelle à l'atteinte de l'objectif.

Un autre atout des projets à échéance courte : ils sont plus faciles à planifier, car ils comportent moins d'étapes. Et si votre objectif est Mesurable, il est facile à décomposer en objectifs journaliers.

Il vous suffit maintenant de lister les étapes essentielles de votre projet. Quelles tâches devez-vous avoir réalisées dans les 30 jours à 6 semaines pour atteindre votre objectif ?

C'est le moment d'en faire la liste la plus complète possible. Prenez quelques minutes pour écrire ces différentes étapes sur une feuille de papier ou un fichier sur votre ordinateur.

Si vous avez réussi à lister vos étapes, nous allons dans un deuxième temps faire un premier tri. Il est important de commencer en mode brainstorming, pour ne rien oublier. Mais nous connaissons maintenant notre tendance à toujours ajouter de l'inutile ou du non-essentiel.

Nous n'allons garder que les tâches à fort impact. Uniquement les 20 % de tâches qui vous permettent d'atteindre 80 % des objectifs : c'est ce qu'on appelle la loi de Pareto. Cela peut paraitre contre-intuitif, car nous voulons tous naturellement atteindre les 100 % dans tout ce que nous faisons.

Mais accepter que tout ne sera pas parfait, et viser uniquement les 80 % dans ce que vous entreprenez, sera le premier bond en avant de votre efficacité personnelle.

Comment faire pour opérer cette première sélection 20/80 ?

C'est assez simple : si votre liste comporte dix tâches, n'en gardez que deux ou trois. Votre liste comporte 50 tâches ? Alors ne sélectionnez que les 10 plus importantes.

Des méthodes pour prioriser

Maintenant que vous avez défini vos objectifs, parlons des approches, méthodes et outils qui vous permettront de prioriser vos différentes missions.

Mangez le crapaud !

Ou mangez votre grenouille, pour reprendre l'animal totem de Brian Tracy dans *Eat that Frog*, où il part du même constat : 20 % de nos tâches sont souvent celles qui sont à plus forte valeur ajoutée, mais aussi les plus difficiles ou les plus complexes.

La recommandation de Brian Tracy : avaler notre grenouille dès que possible, c'est-à-dire accomplir ces tâches rapidement, en résistant à la tentation de la facilité qui consisterait à rayer de la liste les tâches les plus simples.

Très concrètement, il donne ce conseil basique : à chaque fois que vous démarrez une nouvelle tâche, demandez-vous si elle fait bien partie des 20 % à forte valeur ajoutée. Si la réponse est non, alors ce n'est pas la tâche à commencer maintenant, et la règle de priorisation vous invite à résister à la tentation de réaliser le superflu au détriment de l'important.

Dernier effet sur votre productivité : si vous « mangez votre grenouille » en premier, cela dope votre confiance et votre motivation, et vous permet de démarrer la journée avec encore plus d'envie de boucler de nouvelles tâches prioritaires.

Et si vous vous y mettiez ? Je suis sûr que vous avez une to-do list pas loin, un agenda, ou tout autre forme de système de pense-bête pour les actions à effectuer ou à ne pas oublier.

Par quelle tâche devriez-vous commencer ?

La loi de l'efficacité forcée

On continue avec une approche complémentaire. La loi de l'efficacité forcée stipule « qu'il n'y a jamais assez de temps pour tout faire, mais toujours assez de temps pour faire le plus important ».

Donc, le mieux que vous puissiez espérer, si vous acceptez ce postulat de départ, est d'être toujours à jour de vos tâches les plus prioritaires. Le reste pourra et devra attendre que vos priorités soient réalisées. Comme disait Goethe, « Ce qui est le plus important ne doit jamais être à la merci de ce qui est moins important ».

Cette vision des choses peut se traduire par trois nouvelles questions que vous pouvez utiliser pour garder le fil de vos priorités à chaque instant :

- Quelles sont mes activités à plus forte valeur ajoutée ?
- Quelles sont les tâches que je suis le seul à pouvoir faire ?
- Comment puis-je utiliser mon temps de la meilleure des façons à cet instant précis ?

La matrice d'Eisenhower, ou matrice impact/urgence

Popularisée par le livre de Stephen Covey « *Les 7 Habitudes de ceux qui réussissent tout ce qu'ils entreprennent* », cette matrice détermine une catégorie pour chacune de vos tâches.

Catégorie 1 : L'important urgent

Catégorie 2 : L'important non urgent

Catégorie 3 : Le non important urgent

Catégorie 4 : Le non important non urgent

Cet outil peut être très utile à deux moments : pour effectuer un diagnostic, et pour piloter et choisir les tâches sur lesquelles investir votre temps.

Pour effectuer un diagnostic, dessinez la matrice, et positionnez chacune des tâches que vous avez effectuées ces derniers jours ou ces dernières semaines. Puis visualisez où se situent la plupart d'entre-elles.

	NON URGENT	**URGENT**
IMPORTANT	Catégorie 2	Catégorie 1
NON IMPORTANT	Catégorie 4	Catégorie 3

Vous retrouverez une visualisation de la matrice d'Eisenhower dans votre cahier d'exercices à cette adresse :

https://bit.ly/GTEMPS

Souvent, la première fois que l'on fait ce diagnostic, nous sommes étonnés de la part (trop) importante de tâches qui se situent dans les catégories 3 et 4. Nous nous rendons compte à quel point nous perdons notre temps sur des tâches non importantes.

Pour piloter, cet outil vous permet de vous fixer des objectifs en décidant par exemple qu'une majorité de vos tâches seront situées dans les catégories 1 et 2. Vous pouvez aussi décider de ne plus rien accomplir qui se situerait dans la catégorie 4, et de privilégier le plus possible et de plus en plus la catégorie 2. Celle-là même qui vous rend proactif et vous fait travailler sur ce qui est important avant que les urgences ne prennent le dessus.

Sachez couper vos pertes

Un des biais classiques que l'on retrouve en gestion du temps, et plus généralement en investissement : plus nous avons investi de temps ou d'argent dans un projet, plus il est difficile d'arrêter d'en dépenser et d'accepter que le projet soit un échec.

Avez-vous ce type de gouffre de temps dans votre to-do list ? Sur quel projet concédez-vous une part encore importante ou significative de votre emploi du temps, alors que les résultats sont objectivement en deçà de ce que vous escomptiez ?

Souvent, le courage de couper ce projet, de « couper sa perte » pour reprendre un vocabulaire financier, sera un véritable gain relatif à plus long terme.

Et si vous vous sépariez maintenant de votre projet gouffre de temps, dont vous avez encore un peu de mal à accepter l'absence de résultats ?

Toute énergie que vous lui accordez pourra être réutilisée sur un nouveau projet ou un projet en cours qui a plus de chances de fonctionner. À condition d'accepter d'abandonner ce projet là où il est.

Hell Yes !

Cette technique vient de Derek Sivers : « It's Either Hell Yeah ! Or No ».

C'est-à-dire « À fond ! Ou non ». En d'autres termes, dès qu'une nouvelle opportunité ou proposition apparait, soit elle vous emballe et elle représente une opportunité incontournable et cohérente à 100 % avec vos objectifs, soit il vaut mieux dire non tout de suite.

L'idée est qu'une des principales sources de notre pollution de tâches au quotidien provient des activités assez intéressantes. Celles qui auraient une note de 6 à 7 sur 10 si on devait les évaluer sur une échelle d'importance.

Avec cette technique, on se force à ne sélectionner que les opportunités et les actions qui ont une note de 9 ou 10/10.

Cette technique aide particulièrement dans toutes les situations de dilemme, par exemple :

- Vous venez de décider de vous mettre à votre compte, mais votre entreprise vous propose au même moment une promotion.

- Vous êtes enfin décidé(e) à terminer votre projet d'écriture et de publication de livre, mais au même moment un client vous sollicite pour une commande qui ferait rentrer beaucoup d'argent dans les caisses.

- Vous avez prévu de passer un peu de temps avec vos enfants ce soir, mais à la dernière minute, votre boss vous demande de travailler sur un dossier à rendre pour demain matin…

Pour toutes ces situations, vous connaissez maintenant une formule magique : c'est soit à fond ! Soit… NON.

Cette formule fonctionnera pour rester en ligne avec vos objectifs à long terme quand d'autres phénomènes viendront perturber votre volonté.

Maintenant que vous vous êtes assuré que vos objectifs sont bien définis, et que vous avez classé vos missions par ordre d'importance, attaquons-nous au cœur du sujet : **Planifier** vos journées pour vous donner le temps de travailler à vos missions !

ÉTAPE 4 :

Planifier

Pour chaque minute passée à s'organiser, une heure est gagnée.

Benjamin Franklin

Maintenant que vos priorités ont été redéfinies à long terme, votre but doit être que votre organisation journalière participe à la réalisation de vos objectifs.

Dans la même logique que ce que nous avons vu jusqu'ici, pour réussir à gérer vos priorités au quotidien, nous allons systématiquement chercher à simplifier et prioriser l'essentiel.

Vous avez certainement déjà rencontré la notion de Gros Cailloux, ou *Big Rocks*, et les termes de *Most Important Tasks (MIT)* ou **Tâches Les Plus Importantes**, que nous appellerons **TLPI** dans la suite du livre.

Il est important d'appliquer ce principe au niveau le plus fin de votre planification, celle de la gestion de vos priorités au quotidien. Sinon, avoir des objectifs clarifiés et priorisés, mais des journées qui continuent de subir la loi des contraintes imposées et des tâches non prévues, vous ramènera au même point : vos objectifs ne seront jamais atteints.

Et ni vous ni moi ne voulons cela.

Comment identifier vos TLPI ?

Les TLPI sont donc les tâches à privilégier au quotidien, car ce sont les seules qui vous permettent d'atteindre vos objectifs prioritaires. Elles ont été popularisées par plusieurs auteurs dont Leo Babauta dans ses livres « L'art d'aller à l'essentiel » et « Zen To Done ».

L'idée est de démarrer chaque journée en accomplissant au moins une TLPI avant de faire quoi que ce soit d'autre. Effet garanti au niveau de vos résultats et de votre motivation.

Voici une série de critères qui vous permet de faire le tri. Les TLPI de votre to-do list sont celles qui rassemblent un maximum de ces critères :

- Elles apportent une reconnaissance durable ;
- Elles sont rentables financièrement, à court terme et si possible à long terme ;
- Elles permettent le développement de votre notoriété, elles ont un effet favorable sur le marketing et la promotion de votre personne ou de votre entreprise ;
- Elles peuvent aboutir à un développement de carrière, une promotion ou une évolution professionnelle significative ;

- Elles peuvent déboucher sur un apport significatif au niveau de votre vie personnelle ;
- Elles vous permettent d'apporter une valeur ajoutée importante à votre entourage personnel et professionnel.

À vous de jouer maintenant : **identifiez vos TLPI**.

Si vous passez votre to-do list en revue, quelles sont vos TLPI ? Et au contraire, quelles tâches vous paraissaient pourtant indispensables, mais ne correspondent pas aux critères d'une TLPI que nous venons de balayer ?

La durée de vos tâches

Maintenant que vous avez sélectionné vos tâches, nous allons voir deux approches différentes, qui paraissent opposées, et qui pourtant peuvent être complémentaires pour la prochaine étape indispensable de toute organisation : planifier la durée de vos missions.

La première approche part de la tendance naturelle à sous-estimer notre temps de réalisation et consiste à augmenter le temps prévu de chaque tâche de votre to-do list d'au moins 50 % quand vous établissez un planning.

La deuxième approche est une mise en pratique de la célèbre loi de Parkinson, qui énonce que la durée d'une tâche augmente jusqu'à occuper le temps qui lui est affecté à l'avance. Appliquée à votre to-do list, l'idée est de travailler en temps limité sur chaque tâche, en vous forçant à n'y passer que 50 % du temps que vous avez évalué, voire moins.

Concrètement, supposons que ma journée comporte les tâches suivantes :

- Écrire 1 500 mots pour mon nouveau livre (TLPI1)
- Finaliser le dernier module de ma formation en ligne (TLPI2)
- Écrire un post sur LinkedIn : tâche non importante 1
- Répondre à mes emails : tâche non importante 2
- Faire la cuisine : tâche non importante 3

La première étape consiste à évaluer le temps nécessaire de chaque tâche en ajoutant 50 % de temps en plus. Par exemple, écrire 1 500 mots me prend normalement 1 h 30 environ. J'ajoute 50 % de marge, soit 45 minutes supplémentaires. Donc j'estime un temps de réalisation de 2 h 15 pour ma TLPI. Et ainsi de suite pour les autres tâches. Voici à quoi ressemble mon programme de la journée :

- TLPI1 : de 8 h à 10 h 15 (2 h 15)
- Pause : 15 min
- TLPI2 : de 10 h 30 à 13 h (1 h 30 +50 % = 2 h 15)
- Pause repas : 45 min
- Tâche non importante 1 : de 13 h 45 à 14 h 30 (30 min +50 % = 45 min)

- Tâche non importante 2 : de 14 h 30 à 15 h 15 (30 min +50 % = 45 min)

- Pause : 15 min

- Tâche non importante 3 : de 15 h 30 à 17 h 00 (1 h + 50 % = 1 h 30)

La deuxième étape se déroule dans la phase de réalisation. Au cours de la journée, dès que je débute une nouvelle tâche, je lance un minuteur et je me force à travailler en temps limité pendant la moitié ou moins de la durée prévue. Par exemple, avec la TLPI1, je fais tout ce que je peux pour écrire les 1 500 mots en 1 h au lieu des 2 h 15 prévues. À la fin de cette période, deux possibilités :

- J'ai atteint l'objectif et je m'octroie une pause plus importante, ou je commence une nouvelle TLPI en avance ;

- Ou alors je n'ai pas terminé et je rajoute un peu de temps pour finaliser ma tâche en cours, si possible avant le délai prévu au départ.

Petit à petit, essayez de vous astreindre à respecter scrupuleusement le temps limité. Vous avez écrit 1 000 mots au lieu des 1 500 prévus ? Ce n'est pas grave… Mieux vaut fait que parfait !

À force de travailler de cette manière, vous finirez par atteindre votre objectif de 1 500 mots dans quelques jours ou quelques semaines. Essayez de passer à la TLPI2 même si l'objectif n'est pas complètement atteint. Jouez systématiquement le jeu du minuteur pendant quelques semaines, et vous verrez votre productivité faire un bond.

Si vous sous-estimez systématiquement la durée de vos tâches et n'arrivez jamais au bout de vos to-do lists quotidiennes, cette double approche devrait vous permettre de terminer vos journées avec le sentiment d'avoir eu le juste temps de faire chaque chose, tout en priorisant l'important et en commençant vos journées par vos TLPI.

Planifiez vos journées

Planifier votre journée en amont, c'est être assuré de commencer chaque jour par ce qui est important, en priorisant systématiquement vos TLPI au tout début de la journée, quand vous êtes au maximum de votre concentration. Cette pratique peut à elle seule vous faire économiser une à deux heures par jour de temps précédemment perdu en hésitations, procrastination et choix de votre prochaine tâche.

Préméditer le déroulé de sa journée offre de nombreux avantages :

- Vous gagnez du temps en sachant à l'avance quelles sont vos principales tâches du jour ;

- Vous pouvez anticiper des créneaux de travail à concentration maximale ;

- Vous diminuez les chances de vous faire happer par les réseaux sociaux en ayant constamment vos priorités sous les yeux.

Une des critiques les plus fréquemment rencontrées concernant ce principe est que certains le trouvent trop rigide. En particulier pour des professions ou des activités créatives ou artistiques, il peut apparaitre trop contraignant, carré et empêchant la créativité de s'exprimer.

Mais l'intérêt de ce système est justement de vous permettre de préserver des créneaux de créativité et de concentration malgré toutes les tentations et les perturbations qui arrivent fatalement au cours d'une journée.

Il est aussi envisageable de garder une certaine forme de souplesse dans son utilisation, et c'est même nécessaire pour qu'il puisse survivre à deux problèmes classiques :

- Notre tendance à sous-estimer le temps que nous prendra une tâche exigeant de notre part une concentration maximale ;
- Les perturbations, les urgences et les changements de priorités qui ne manqueront pas d'apparaitre à un moment ou à un autre.

La solution pour garder les avantages d'un système de planification cadré et la souplesse nécessaire pour s'adapter aux circonstances du quotidien ?

Ajouter des marges de manœuvre.

Un planning quotidien agile

Vous décidez de vous y mettre et de planifier chaque journée la veille, avant d'aller vous coucher. Mais les aléas ont vite fait de réduire en miettes vos bonnes résolutions : quiconque a déjà planifié en détails son emploi du temps a très vite constaté que le planning tend à disparaitre avec l'avancement de la journée.

Pour garder un planning quotidien à flot même en cas de gros temps, il doit être suffisamment flexible et agile, tel le roseau qui courbe l'échine et plie sous les bourrasques de vent et la tempête sans jamais rompre.

Voici trois stratégies pour un planning quotidien qui tient la route même en cas d'imprévu.

Augmentez la durée prévue des tâches

J'insiste encore sur ce point. Pour contrecarrer notre tendance à sous-estimer la durée de nos tâches, il nous suffit d'ajouter un temps supplémentaire pour les finaliser. Il vaut mieux prévoir moins de tâches et plus de temps au départ, tout en essayant de les réaliser au plus vite en travaillant en temps limité.

Si vous terminez plus tôt, vous trouverez bien de quoi vous occuper en commençant une nouvelle TLPI ou en prenant une pause.

Ajoutez des moments de pause

Prévoyez du temps supplémentaire entre chaque tâche, par exemple au moins 30 minutes. Ce temps supplémentaire pourra faire office de pause, et en cas de changement de programme ou de perturbation, ce temps bonus peut aussi vous permettre reprendre le cours de votre journée sans avoir à tout replanifier à cause d'imprévus.

Révisez régulièrement le planning en cours

Si un évènement imprévu est venu bouleverser votre planning patiemment élaboré la veille, pas de panique. Il est important de garder un peu de souplesse, car ces évènements surviendront forcément. Pour que votre planning ne vole pas en éclats, il vous suffit de le replanifier en cours de journée, dès qu'il n'est plus tenable.

Une visite imprévue pendant que vous étiez à la tâche en train d'élaborer le nouveau design de votre site web ? Quelqu'un de votre entourage qui a besoin de vous, et vous devez vous interrompre pour une urgence ?

Une fois de retour, il vous suffit de reprendre votre liste et de changer les horaires de ce qui était prévu. Si tout ne rentre plus, priorisez l'important et repoussez à plus tard ce qui n'est pas le plus important ou essentiel.

Cette perturbation est aussi une nouvelle opportunité de vous poser cette question : « Qu'est-ce qui n'est pas essentiel ? Qu'est-ce que je peux éliminer ? » plutôt que de décaler tout ce que vous aviez prévu et de terminer plus tard votre journée.

Une dernière arme de secours : les questions stupides !

Non, ce n'est pas une blague. Tim Ferriss et Tony Robbins sont deux fervents adeptes de cette technique. Voici quelques questions qui peuvent vous amener à réfléchir en dehors du cadre et trouver de nouveaux raccourcis pour accélérer vos tâches restantes :

- Si je considère qu'il ne me reste qu'une heure de travail possible pour terminer ma journée, qu'est-ce que je choisis de faire ?

- Avec un pistolet sur la tempe et si ma vie en dépendait, comment je ferais pour m'en sortir en une heure ? Quelles tâches je choisirais ?

- Si je pouvais uniquement **simplifier** pour terminer ma journée, qu'est-ce que j'éliminerais ?

- Si je devais absolument rendre ce rapport à mon supérieur, terminer cette présentation ou publier cet article dans une heure maximum, comment je m'y prendrais, sur quoi je me focaliserais en premier, qu'est-ce que j'éliminerais ?

On a souvent tendance à ajouter du superflu, même dans nos tâches. Toutes ces techniques et ces questions servent à aller à l'essentiel coûte que coûte, même quand il ne nous reste plus beaucoup de temps, plutôt que de repousser des tâches qu'il est souvent inutile de fignoler au maximum.

Un système de gestion des priorités

Pour l'instant, nous avons peu parlé d'outils de gestion, et j'ai fait systématiquement référence à votre to-do list.

Quel que soit le système que vous utilisez, un agenda, un bujo (bullet journal), une to-do list, un autre outil ou une application plus sophistiquée, tous les principes que nous avons évoqués sont compatibles.

Il existe de nombreuses solutions et mon but n'est pas de vous vendre telle ou telle application. Un cahier peut être un très bon système en soi. Il n'y a pas besoin de dizaines de fonctionnalités et de mises en forme colorées pour que votre système fonctionne. Les critères principaux pour un système de gestion de priorités efficace sont :

- Sa simplicité ;
- Sa fiabilité ;
- Son accessibilité.

Votre système de gestion doit être simple, facile à mettre à jour et pratique, pour que son utilisation ne soit pas une corvée et que le fait de le mettre à jour ne vous prenne pas trop de temps. Un système ne devrait pas vous prendre plus de 10 à 15 minutes, sinon, mieux vaut le bon vieux papier-crayon et un cahier pour centraliser vos to-do lists.

Un autre critère important : la fiabilité. Votre système doit devenir le lieu de confiance et de référence vers lequel vous vous tournez systématiquement et exclusivement pour refaire le point de vos priorités, de vos tâches importantes, de votre agenda, de vos objectifs à court, moyen et long terme.

Un dernier point indispensable lui aussi : l'accessibilité. Votre système de gestion des priorités doit être accessible en quelques secondes de n'importe où, pour pouvoir être mis à jour à la volée dès qu'une priorité change. Pour qu'il reste fiable en toutes circonstances et qu'il devienne votre outil de référence, votre système doit être à jour. Vous devez donc pouvoir le modifier très facilement, de n'importe où et à n'importe quel moment.

La méthode papier-crayon

Pour toutes ces raisons, j'ai longtemps été un fervent défenseur et utilisateur de la méthode papier-crayon.

Un cahier est largement suffisant pour répondre à l'ensemble des trois critères : simplicité, fiabilité, accessibilité. Vous pouvez l'emmener partout avec vous, et il est très facile de le mettre à jour ou d'y ajouter de nouvelles informations.

Préférez un cahier à des to-do lists volantes, car il est toujours intéressant de pouvoir parcourir vos to-do lists passées pour en tirer des enseignements. Un cahier avec un agenda intégré, une zone pour vos notes et une to-do list écrite chaque jour, avant que votre journée ne commence, est déjà un bon début.

Si vous souhaitez aller plus loin en intégrant dans votre cahier d'autres éléments complémentaires pour avoir en un coup d'œil l'ensemble de vos objectifs, de vos projets et de vos tâches, alors une solution s'impose : le BUJO.

BUJO est le diminutif de Bullet Journal. C'est un journal à remplir qui contient notamment beaucoup de listes à puces (« bullet point » en anglais).

Vous trouverez de nombreuses ressources et des sources d'inspiration pour composer votre propre bullet journal. Bien que je reconnaisse l'intérêt d'avoir un système de gestion visuellement attrayant, le support ne doit pas vous éloigner de votre objectif :

gagner en efficacité et développer une organisation personnelle performante.

Pour creuser le sujet et découvrir des exemples de BUJO pour composer le vôtre, faites une recherche Google avec le terme BUJO, ou rendez-vous sur les sites de référence :

- https://bulletjournal.com/pages/learn
- https://www.canva.com/fr_fr/decouvrir/creer-bullet-journal-tuto-facile/
- https://journaling.fr/blog/bullet-journal/

J'aime beaucoup l'approche Bullet Journal et l'ai pratiquée moi-même pendant quelque temps, mais j'ai maintenant trouvé mon bonheur par la voie numérique grâce à l'outil Trello.

Si vous voulez en savoir plus sur cet outil, je vous présente longuement le tableau que j'ai créé pour gérer mes priorités dans une vidéo visible ici :

http://bit.ly/2taF69W

Vous avez désormais économisé du temps, éliminé l'inutile, défini et planifié vos objectifs au cordeau.

Mais nous pouvons aller encore plus loin et **Multiplier** votre temps disponible.

ÉTAPE 5 :

Multiplier

Vous multipliez votre temps en passant du temps aujourd'hui sur des tâches qui vous permettent de gagner du temps demain.

Rory Vaden, Procrastinate on Purpose

Et si je vous disais d'oublier tout ce que nous venons de voir ?

Simplifier, clarifier, prioriser, planifier, c'est très bien en soi.

Mais il reste néanmoins un problème, et pas le plus petit : comment faire si on n'a pas assez de temps pour atteindre les résultats que l'on vise, même si on a fait tout ce qu'on s'est dit jusqu'ici ?

Il arrivera tôt ou tard un moment où la simplification, la priorisation et toutes les méthodes, aussi efficaces et pertinentes soient-elles pour mieux utiliser votre temps, ne suffiront plus à vous satisfaire et vous permettre d'atteindre de nouveaux objectifs.

Comment faire si vous n'avez pas assez de temps et que vous optimisez déjà à 100 % votre gestion personnelle ?

Nous allons devoir ***créer du temps***.

Entre votre situation actuelle et l'objectif principal que vous visez, il existe une contrainte majeure, qui vous empêche d'atteindre tout de suite votre but. Votre rôle est d'identifier cette contrainte, de la retirer et d'éliminer tous les freins qui vous empêchent d'accélérer vos résultats et de multiplier votre temps.

Réfléchissez à cet objectif et au projet que vous êtes en train de mener pour l'atteindre : qu'est-ce qui vous freine ?

Identifiez votre contrainte principale

Qu'est-ce qui vous empêche d'atteindre votre objectif plus vite ?

Qu'est-ce qui vous en a empêché, jusque-là et en ce moment ?

Qu'est-ce qui vous empêche de manger le crapaud et de vous concentrer sur vos TLPI ?

Pourquoi n'êtes-vous pas à cet instant concentré sur une de vos TLPI ?

Qu'est-ce qui détermine, dans votre organisation, la vitesse à laquelle vous obtenez vos résultats ?

Il ne s'agit pas seulement de questions rhétoriques. Essayez vraiment de vous interroger et de répondre à une ou plusieurs de ces questions. Pour être sûr(e) de trouver LA contrainte majeure, procédez en deux étapes :

- Essayez d'abord de trouver un maximum de contraintes et de freins potentiels, en mode brainstorming : quels sont tous les freins qui vous empêchent d'aller plus vite à votre objectif ? Dans un monde idéal, comment ça se passerait, et aujourd'hui, qu'est-ce qui vous éloigne de ce monde idéal ?

- Ensuite, ordonnez cette liste de contraintes, de la plus impactante à la moins impactante.

Vous pouvez réaliser cet exercice régulièrement, pour éliminer les contraintes qui apparaissent ou que nous ajoutons immanquablement, à chaque fois que nous commençons un nouveau projet.

Je vous donne un exemple pour vous inspirer, avec les questions que je me suis posées au moment de démarrer la réalisation de ce livre. Quelques jours après le début de l'écriture du premier jet, j'ai identifié les contraintes principales, en réponse aux questions suivantes :

- Qu'est-ce qui m'empêche de terminer et de publier ce livre plus vite ?

- Qu'est-ce qui m'empêche d'écrire 5 000 mots par jour, tous les jours ?

Et voilà la liste des réponses à ces questions :

- Pas assez de plages de concentration pour écrire plus chaque jour ;

- Pas assez de temps le matin pour écrire, quand j'ai l'inspiration (j'écris beaucoup moins facilement le soir) ;

- Passer du temps en recherches au lieu d'écrire ;

- Avoir d'autres projets et d'autres demandes en cours.

Une fois ces contraintes identifiées, j'ai compris que mon principal frein était de ne pas pouvoir me concentrer suffisamment longtemps sur l'écriture le matin, et qu'il fallait que je trouve un moyen de créer des plages plus grandes le matin pour me consacrer à l'écriture.

Cette constatation a donné lieu aux décisions suivantes :

- Je me lèverai une heure plus tôt chaque matin, à 6 h ;

- Je commencerai mon télétravail une heure plus tard, vers 10 h du matin, et je finirai une heure plus tard le soir ;

- Je ne ferai rien d'autre, au réveil, que me servir un café et aller à mon bureau pour écrire, en l'absence de toute distraction et de tout écran de smartphone.

L'impact a été majeur. Il m'a permis d'atteindre mon objectif plus rapidement, et réussir à écrire un premier jet de 70 000 mots en 14 jours…

C'est tout l'intérêt de cette approche : il y a certainement, ***dans votre organisation***, une contrainte majeure qui peut être levée, sans investissement supplémentaire de votre part, mais simplement en vous organisant mieux.

Ou comment mieux vous organiser aujourd'hui pour gagner du temps demain et les jours qui suivent.

À vous de jouer maintenant !

Travaillez au bon moment

Les Grecs avaient trois mots différents pour définir le Temps : Chronos, Kairos et Aiôn.

Pour le moment, c'est le ***Kairos*** qui va nous intéresser, et qui est de moins en moins pris en compte de nos jours.

Le Kairos est le sens métaphysique du temps, et pour ce qui nous concerne dans cette partie, nous allons le schématiser comme ***le bon moment pour agir***. Vous avez certainement déjà eu cette sensation du temps Kairos, à chaque fois que vous ressentez que c'est le bon moment pour faire quelque chose.

Faire le bon acte au bon moment relève du Kairos. Pour ce qui est de la pensée occidentale, le concept de Kairos apparait chez les Grecs sous les traits d'un petit dieu ailé de l'opportunité, qu'il faut saisir quand il passe[6].

Que déduisons-nous de ce petit aparté mythologique pour notre quête d'excellence organisationnelle ?

Nous allons retenir ces deux principes fondamentaux :

→ Il y a un bon moment pour chaque chose ;

---

[6] Source : https://fr.wikipedia.org/wiki/Kairos

→ Travailler au bon moment est une des meilleures manières de gagner du temps.

Et vous voulez une nouvelle encore meilleure ?

Nous n'y pensons presque jamais quand nous établissons nos to-do lists et nos plannings. Cela signifie donc qu'il existe encore ici un réservoir insoupçonné pour créer du temps dans nos journées hyper-chargées.

Définissez le meilleur moment

Pour optimiser son planning en créant du temps, il ne suffit pas de savoir ***Quoi*** faire et ***Comment*** le faire, mais aussi ***Quand*** faire chaque tâche. Et si on ne prend pas en compte cette dimension du meilleur moment, alors notre tendance intuitive est de tout planifier « au plus tôt ».

C'est naturel : dès qu'une tâche apparait à l'horizon de notre planning, nous avons envie de l'accomplir le plus tôt possible. Pour être débarrassé ou pour ne pas être en retard, ou les deux en même temps.

Malheureusement, c'est souvent le plus mauvais choix de planification.

Pour définir le meilleur moment, nous allons utiliser un principe similaire, en cherchant à chaque fois jusqu'à quand une tâche peut attendre, et quel est le meilleur moment pour la planifier.

Pourquoi attendre et ne pas planifier au plus tôt ?

C'est contre-intuitif, mais la planification au plus tôt est souvent la moins efficace, pour une simple et bonne raison : les changements. Les informations changent constamment, comme les dates, les plannings, les exigences, les prix, la stratégie, la technologie, etc.

À une époque aussi connectée et en temps réel que la nôtre, l'environnement change en permanence. Si vous passez à l'action trop tôt, vous augmentez vos risques que des changements interviennent en cours de route :

- Si vous vous occupez d'une commande dès qu'elle tombe, vous prenez le risque de devoir reprendre votre travail si votre client fait des changements, ce qui arrive très régulièrement ;

- Vous sautez sur une promotion alléchante pour un monospace, pour découvrir le mois suivant que le concurrent principal propose le monospace dont vous rêviez à un prix encore plus intéressant ;

- Vous vous êtes forcé pour terminer un projet quand vous n'étiez pas vraiment inspiré, et vous lisez un livre qui vous donne de nombreuses idées contradictoires sur le même sujet ;

- Vous profitez d'une offre pour imprimer 500 cartes de visites à prix réduit, mais votre graphiste en titre vous propose un nouveau logo beaucoup plus classe que le précédent ;

- Vous préparez la publication de votre prochain livre et investissez du temps et de l'argent pour le format papier, mais un confinement total est décidé par votre gouvernement, et la vente de livres papier s'arrête pendant six mois…

Le plus difficile est d'en prendre conscience et de corriger notre réflexe au plus tôt par une nouvelle question à nous poser systématiquement : « jusqu'à quand cette tâche peut attendre ? ».

Je ne suis pas en train de vous conseiller de tout planifier à la dernière minute et d'être systématiquement en retard, mais plutôt de réfléchir à la date la plus tardive à partir de laquelle traiter une tâche ***sans qu'elle soit en retard***.

Ce qui revient à vous demander : « qu'est-ce que je peux repousser aujourd'hui pour gagner du temps demain… »

Contre-intuitif, mais souvent efficace !

Travaillez au bon rythme : l'éloge du slow

Tout va à toute vitesse et tout s'accélère, en même temps qu'augmentent la pression et les attentes qui vont avec : il faut répondre vite, manger vite, aller vite, vivre vite…

Cette course effrénée a heureusement fait naitre des contre-solutions pour faire face à cette pression et cette injonction de la rapidité et de la réactivité : le slow.

Slow food, slow life, slow city, slow management…

L'idée est la suivante : prendre le temps qu'il faut et travailler au bon rythme peut aider à travailler mieux et à augmenter sa productivité.

Ou comment travailler plus lentement aujourd'hui pour créer du temps supplémentaire demain.

Travailler toujours (trop) vite, c'est augmenter invariablement les erreurs, les risques comme le stress ou les accidents pour un travail physique, et aussi diminuer sa propre satisfaction. À peine une tâche est terminée qu'il faut enchainer avec la prochaine.

L'idée générale est de redonner du sens à ce que nous faisons en reprenant du temps pour tout ce que nous laissons tomber quand on travaille dans l'urgence, comme :

- Les communications apaisées : dans l'urgence, les échanges diminuent et souvent la communication se crispe ;
- L'attention à l'autre et l'empathie : la focalisation sur les résultats et les dates limites l'emporte parfois sur la relation avec nos partenaires, nos sous-traitants, nos collègues et parfois même nos clients ;
- La participation et l'autonomie : courir après la montre nous empêche de passer le temps nécessaire pour transmettre et développer les compétences de ceux qui nous entourent.

Prenez le temps nécessaire, pour vous et pour ceux qui vous aident au quotidien.

Soyez un slow manager/worker et favorisez la création d'un environnement slow autour de vous, pour augmenter vos performances, votre bien-être et celui des personnes sur qui vous comptez pour atteindre vos objectifs.

Aiguisez votre scie...

Imaginez un bûcheron qui coupe du bois depuis plusieurs jours. À force, sa scie s'émousse et le bûcheron est de moins en moins productif. La seule solution est de s'arrêter un moment pour aiguiser sa scie. Mais du point de vue du bûcheron, il n'a pas le temps d'aiguiser sa scie : il y a encore plein de bois à couper et il est déjà en retard sur son planning.

On doit cette image, que je trouve très parlante, à Stephen Covey.

Il nous parait parfois très difficile de faire une pause, de sortir de l'urgence des tâches en cours, des commandes et des dossiers à rendre.

Et pourtant, si nous prenions le temps de nous former, nous réaliserions nos tâches plus facilement, plus efficacement, et plus rapidement.

Réfléchissez à nouveau à votre objectif prioritaire et demandez-vous : « Quelle formation et quelles compétences me permettraient d'arriver plus vite à l'objectif ? »

Si je reprends mon exemple de début de chapitre sur l'écriture, je me poserais la question suivante : « quelle formation et quelles compétences me permettraient plus facilement d'écrire 5 000 mots par jour ? »

Voici quelques exemples de réponses :

- Apprendre la dactylographie ;
- Prendre des cours d'écriture ;
- Utiliser un logiciel de saisie vocale ;
- Apprendre la pleine conscience pour faire une séance de méditation avant chaque session d'écriture ;
- Etc.

C'est à nouveau à vous de jouer : quelles formations peuvent vous aider à atteindre votre objectif actuel plus rapidement ? Prenez quelques minutes pour y réfléchir, et si vous trouvez plusieurs idées…

Planifiez une formation dans votre agenda tout de suite !

Il n'y a pas de meilleur moment que maintenant pour acquérir des compétences qui vous permettront de gagner du temps dès demain. Tout est apprenable : nous vivons à une époque formidable, où il est très facile de trouver des formations gratuites dans tous les domaines.

Si vous pensez que vous n'avez pas assez de temps, vous pouvez toujours apprendre en temps masqué, avec un livre, un épisode de podcast, dans les transports, sous la douche, ou pendant votre séance de ménage.

Enclenchez le pilote automatique

Comme le dit Bill Gates, l'automatisation appliquée à un process efficace augmente l'efficacité, [...] l'automatisation appliquée à un process inefficace augmente l'inefficacité.

Si vous êtes arrivé(e) jusqu'ici en suivant les principales étapes des précédents chapitres, vous avez mis toutes les chances de votre côté de vous trouver dans la première situation. Donc l'automatisation, si vous l'appliquez maintenant que votre organisation a été optimisée, peut vous apporter un avantage considérable.

Mais il était important de faire d'abord tout ce travail de préparation, car sinon, toutes les techniques d'automatisation que nous allons aborder maintenant auraient été contre-productives, et auraient risqué d'entrainer plus de désagréments que d'avantages.

Que devriez-vous automatiser ?

Même après avoir éliminé tout l'inutile, il subsiste probablement, dans votre agenda, un certain nombre de tâches susceptibles d'être automatisées.

Il s'agit de tout ce que vous faites répétitivement, au quotidien, toutes les semaines, et que vous n'avez pas réussi à faire disparaitre de votre agenda. Cela peut être :

- Les tâches informatiques routinières ;
- Les réponses identiques à des messages et envois de mails à de nombreux correspondants ;

- Les publications répétitives et cycliques ;
- Les rapports que vous élaborez régulièrement, et dont une majeure partie du contenu est récupérée de sources d'informations extérieures ;
- Les paiements en ligne ;
- Les sauvegardes de données et l'archivage ;
- Les partages sur plusieurs réseaux sociaux ;
- Les explications que vous faites régulièrement, sur des sujets qui reviennent constamment ;
- Etc.

Voici quelques solutions à envisager :

- La création de procédures détaillées pour accélérer les tâches répétitives ;
- La création d'une routine ou d'un programme Excel et de macros pour automatiser des calculs et la compilation de données sous forme de tableaux et de graphiques ;
- L'utilisation d'un logiciel de CRM (Customer Relationship Management, ou logiciel de gestion client) dès que vous avez plusieurs dizaines de prospects et clients ;
- L'utilisation de l'email marketing pour automatiser vos campagnes de communication et le suivi de vos prospects et clients ;

- La création de règles pour automatiser le tri de vos emails en fonction de l'expéditeur, du sujet du message, de certains mots-clés ;

- La création d'une section Questions Fréquentes (F.A.Q.) sur votre site internet et d'un chatbot pour répondre aux principales questions de vos prospects et les guider au moment de leur commande en ligne ;

- L'utilisation d'un logiciel de gestion des réseaux sociaux pour programmer et synchroniser vos communications sur les différentes plateformes sociales ;

- L'utilisation d'un outil de gestion de projet comme Trello ou Asana ;

- Un outil de sauvegarde automatique pour toutes vos données personnelles et professionnelles ;

- La création de tutoriels et de formations vidéo pour remplacer les explications que vous refaites constamment, et l'utilisation de LMS (Learning Management System : Teachable, Podia, Udemy, etc.) pour les héberger et y rediriger les personnes que vous voulez former.

L'idée est de réussir à balayer l'ensemble de vos processus, et de les examiner maintenant sous l'angle de la standardisation et de l'automatisation. À chaque fois que vous réussissez à automatiser une tâche, entièrement ou en partie, c'est du temps que vous vous créez pour plus tard.

Et c'est à nouveau à vous de jouer :

- ✓ Passez votre journée en revue ;
- ✓ Visualisez vos tâches accomplies et les prochaines qui sont prévues à votre agenda ;
- ✓ Cherchez systématiquement et inlassablement toutes les parties et les sous-tâches qui peuvent être documentées, transformées en processus et accélérées grâce à l'automatisation.

Allez plus loin

Il existe encore bien des moyens de multiplier votre temps disponible, que j'ai choisi de ne pas inclure ici pour ne pas alourdir le livre. Parmi ces techniques, citons :

- Économiser toujours plus de temps sur l'inutile et les propositions à refuser ;
- Déléguer et sous-traiter (intelligemment !) ;
- Utiliser la notion de **RSTI** : Retour Sur Temps Investi ;
- Utiliser le pouvoir des questions ;
- Changer de communication, de vocabulaire et d'état d'esprit.

Vous trouverez une description détaillée de ces techniques dans votre guide gratuit « **Techniques avancées pour multiplier votre temps** », disponible avec vos autres bonus à cette adresse :

https://bit.ly/GTEMPS

Vous voilà désormais paré, après avoir gagné et créé du temps, éliminé l'inutile, défini et planifié vos objectifs très précisément, à cravacher au quotidien sur la réalisation de vos plus grands projets.

Reste un potentiel obstacle : réussir, concrètement, à travailler quand personne ne vous y force. Pour cela, il vous faut réussir à vous **Concentrer**.

ÉTAPE 6 :

Se Concentrer

Vous ne pouvez avoir qu'une seule priorité - et c'est toujours la chose que vous faites en ce moment même !

Rory Vaden, Procrastinate on Purpose

Le succès vient de la curiosité, de la concentration, de la persévérance et de l'autocritique.

Albert Einstein

Face aux pressions externes croissantes pour en faire toujours plus et toujours plus vite, nous avons l'autorisation de choisir de travailler autrement : en état de concentration maximale et de *flow*[7].

[7] Le flow […] est un état mental atteint par une personne lorsqu'elle est complètement plongée dans une activité et qu'elle se trouve dans un état maximal de concentration, de plein engagement et de satisfaction dans son accomplissement.
https://fr.wikipedia.org/wiki/Flow_(psychologie)

Choisir l'essentiel pour faire mieux sans en faire plus est la première étape. Et en prévoyant les meilleures plages de notre agenda pour nous concentrer à 100 % à nos Tâches Les Plus Importantes, nous pouvons encore augmenter nos résultats de manière spectaculaire !

Encore faut-il transformer cette évidence en réalité du quotidien… Pour cela, la volonté et la discipline peuvent paraitre indispensables, mais en réalité, ce sont surtout les stratégies d'organisation privilégiant la concentration qui sont capitales.

Bonne nouvelle : elles ne sont pas si compliquées à mettre en place !

Pourquoi privilégier le travail à haute concentration ?

Dans son livre « Deep Work », Cal Newport donne de nombreuses bonnes raisons de se… concentrer sur la concentration :

- Gagner du temps et augmenter la qualité de son travail ;
- Se distinguer des autres ;
- Augmenter ses performances ;
- S'assurer de la bonne utilisation de son temps ;
- Se faire plaisir en oubliant le temps passé.

Si vous pensez que c'est le manque de volonté et de discipline qui vous empêche d'adopter le travail à haute concentration (encore appelé *deep work*) comme modèle d'organisation pour l'accomplissement de vos tâches essentielles, détrompez-vous.

Nous allons voir des stratégies et techniques pour vous aider à travailler en pleine concentration.

Choisissez vos plages de concentration à l'avance

Il existe plusieurs approches alternatives qui ont été prouvées efficaces pour tirer les bénéfices du *deep work*, sans pour autant se couper du monde :

- Vous pouvez alterner des périodes longues de deep work et des périodes plus socialisantes. Il est possible par exemple de prendre une semaine ou plus de congés pour vous concentrer sur la création d'une seule et unique œuvre.

- Certains prévoient une semaine de travail de cinq jours, dont le dernier jour de la semaine travaillé est un jour déconnecté de tout réseau et dédié à du travail intensif de création.

- Il est aussi possible de bénéficier de périodes intenses de concentration dans une journée, par exemple de 90 minutes, et de les alterner plusieurs fois avec des séquences de communication et de réponses aux sollicitations, si celles-ci nécessitent votre présence chaque jour.

Quel mode d'organisation vous parait plus réaliste en ce qui vous concerne ? Quelle décision allez-vous prendre pour intégrer le deep work dans votre agenda ?

Si vos journées sont faites de perturbations incessantes, il parait plus judicieux de commencer en douceur en instaurant quelques plages horaires de travail à haute concentration dans votre semaine de travail, et de vous y tenir, coûte que coûte.

Apprenez à vous concentrer

Il ne suffit pas de vouloir se concentrer pour y parvenir. Il existe des techniques pour réussir, petit à petit, à mobiliser notre attention et à augmenter notre niveau de concentration jusqu'à son maximum.

Voici une méthode simplifiée pour vous y mettre et réussir à canaliser votre attention :

- Entrainez-vous sur des tâches très simples et routinières pour commencer, comme du jardinage, faire la cuisine, conduire, faire du repassage ;

- Focalisez toute votre attention sur cette tâche très simple : essayez de rester concentré(e) le plus longtemps possible en ne pensant à rien d'autre que ce que vous êtes en train de faire ;

- Notez mentalement à chaque fois que votre esprit divague et s'éloigne de la tâche que vous êtes en train de réaliser, et ramenez-le sur ce que vous faites ;

- Répétez l'opération de plus en plus fréquemment, quelle que soit la tâche (ménagère, routinière ou autre), puis appliquez le même principe à votre to-do list ;

- Prenez l'habitude de commencer chaque tâche dans les mêmes conditions, et relevez lorsque votre esprit s'égare. Faites-en un jeu et notez à chaque fois le temps entre deux distractions mentales.

Il est tout à fait possible que vous éprouviez de grandes difficultés à vous concentrer plus de quelques minutes, voire quelques secondes. Cela en dit long sur votre capacité de concentration, mais ne vous découragez pas : en pratiquant quelques jours, vous verrez déjà des progrès spectaculaires.

Comment préserver votre capacité de concentration ?

Il a été scientifiquement prouvé que nous avons une capacité de concentration quotidienne limitée. Tout le monde fait face à une volonté décroissante au cours de la journée. Il existe des tactiques qui peuvent nous permettre de tirer parti de cette constatation pour booster nos résultats.

Voici quelques exemples de stratégies, qui semblent parfois « légères », mais qui, mises bout à bout, peuvent créer une réelle différence et vous permettre de préserver votre capacité de concentration pour ce qui compte vraiment :

- Utiliser les transports en commun plutôt que de conduire : sans vous en rendre compte, conduire consomme déjà une grande part de votre capital concentration. Prendre les transports collectifs est souvent plus reposant et peut donc être une bonne stratégie pour augmenter votre efficacité, même si cela vous prend plus de temps.

- Le matin, tout de suite au réveil, est le moment où nous avons le plus de capacité à nous concentrer sur une durée étendue : le moment idéal pour attaquer de front votre tâche la plus difficile (tactique que vous retrouverez à d'autres endroits de ce livre).

- Une balade dans la nature, comme une forêt ou un parc, a le potentiel de restaurer une partie de la capacité de concentration perdue.

- Une sieste : si vous pouvez en faire une, même de vingt minutes pour recharger les batteries, c'est parfait entre deux séances de travail à haute concentration.

- Une séance de méditation : l'essayer, c'est l'adopter ! Vous pouvez commencer très simplement, sans formation préalable. Le matin ou avant une séance de deep work, installez-vous confortablement, fermez les yeux, concentrez-vous pendant cinq à dix minutes sur votre respiration, acceptez les pensées qui viennent quand vous en prenez conscience en faisant au mieux pour rediriger votre attention vers votre respiration. Faites au mieux pendant une dizaine de minutes sans vous mettre de pression, et voilà !

- Comme certains décideurs, vous pouvez limiter vos choix au maximum en choisissant toujours la même tenue, le même chemin, les mêmes horaires pour les mêmes activités, et donc diminuer la part de choix.

Changez de fatigue...

Changer de fatigue, ça repose !

Quand vous sentez que vous avez déjà bien entamé votre capital concentration, essayez de continuer avec une séance de deep work sur un autre sujet.

Si votre projet principal est l'écriture d'un livre par exemple, il est possible qu'après deux séances d'écriture en concentration maximale, vous n'ayez plus du tout l'envie d'écrire. Vous pouvez, pour alterner et « changer de fatigue », choisir une troisième séance de deep work sur un sujet complètement différent, un autre projet, ou alors rester sur le même projet prioritaire en changeant de registre. Dans notre exemple, cela pourrait être de vous concentrer sur la préparation du lancement et du marketing du livre.

Ou alors, c'est peut-être le bon moment pour faire une séance de sport, du ménage, des courses, du bricolage, ou toute activité physique intense ou légère qui vous permet de continuer à boucler des tâches utiles tout en ménageant votre capacité de concentration.

Le principe est simple : choisir des activités nécessitant une faible part d'attention dès que possible pour préserver vos capacités au moment d'accomplir vos TLPI.

Prévoyez vos plages de concentration et de repos à l'avance

La majeure partie du travail important que vous avez à faire, donc vos TLPI, bénéficierait d'un fonctionnement en deep work.

Et si vous faisiez le test ?

Que se passerait-il si vous pouviez réaliser chacune de vos TLPI en concentration maximale ? Ou, autrement dit, que se passerait-il si vous pouviez utiliser 100 % de votre capacité de concentration pour optimiser la qualité de votre travail et votre productivité sur les 20 % de tâches qui représentent 80 % de ce qui est important pour atteindre vos objectifs ?

Pour transformer ce constat évident en réalité dans votre agenda, la seule solution est de prévoir dans votre planning deux types d'activités avant toutes les autres :

- Des créneaux de concentration de 45 minutes minimum pour vos TLPI, en les planifiant le plus tôt possible dans vos journées. Certains adeptes visent d'emblée 1 h 30 minimum et jusqu'à 3 heures de concentration non-stop, ce qui demande un peu d'entrainement.

- Des activités et des loisirs destinés à régénérer votre capacité de concentration : pauses, siestes, balades dans un cadre reposant, méditation, séances de sport, jeux en famille, etc.

Une dernière stratégie si cette nouvelle organisation centrée sur des plages de travail à haute concentration vous parait trop difficile à mettre en place dans votre environnement actuel : reculez votre heure de réveil d'une heure ou deux, et commencez par une séance de deep work avant de démarrer votre journée « normale ».

Pour finir, il est très important de prévoir une routine de fin de journée, le soir, pour réussir à déconnecter complètement et profiter pleinement de votre repos quotidien bien mérité.

Résistez aux tentations

Il vous est déjà arrivé de vous retrouver face à votre ordinateur, à la recherche d'une information bien particulière, et de vous rendre compte 30 minutes et parfois plusieurs heures plus tard que vous étiez resté(e) scotché(e) à l'écran ?

C'est normal, et il est inutile de vous en vouloir à chaque fois que ça se produit. Google, YouTube, Netflix, Facebook et tous les autres sont optimisés pour un seul but : capter votre attention.

Une solution pour diminuer l'emprise de ces drogues de divertissement ?

Prévoir à l'avance vos loisirs. Planifier vos plages de détente avec des activités qui élèvent l'esprit ou vous permettent vraiment de décompresser. Lecture, sport, écoute d'un podcast, sortie entre amis, sortie avec vos enfants, soirée en amoureux…

Essayez de faire coïncider ces activités et de les planifier sur des créneaux où vous succombez plus facilement au lavage de cerveau que vous imposent Google, Facebook, YouTube et Netflix.

Comme pour toute consommation addictive, à mesure que vous passerez des moments épanouissants pendant des créneaux précédemment dédiés au binge-watching[8], vous deviendrez de moins en moins addict.

D'autres pistes pour éliminer les distractions

Les sources de distractions ne manquent pas et se sont diversifiées ces dernières années. Je vous propose des stratégies complémentaires pour favoriser votre concentration :

- Prévoyez des moments de silence : trouvez un endroit où vous pouvez être au calme pendant au moins quelques minutes, et anticipez d'éteindre ordinateur et smartphone plusieurs fois par jour ;

- Planifiez vos plages de repos et de loisir dans votre agenda ;

- Prévoyez une déconnexion digitale d'un jour ou deux au moins une fois par mois ou par semaine, pour retrouver calme et clarté mentale ;

- Rangez vos affaires, votre lieu de travail, votre bureau, faites le tri dans votre boite mail ;

- Désabonnez-vous des newsletters que vous ne lisez pas vraiment : un autre exemple de *FOMO (Fear of Missing Out*, la peur de rater une nouvelle importante*)*, nous restons

---

[8] Le binge-watching est le fait de consommer de la vidéo de manière intense, par exemple d'enchainer des épisodes de séries sur Netflix. https://fr.wikipedia.org/wiki/Binge-watching

abonnés et recevons tous les jours des mails que nous ne lisons jamais et qui polluent notre boite mail et notre esprit ;

- Désinstallez toutes les applications de votre smartphone que vous n'utilisez pas et désactivez toutes les notifications de celles que vous gardez ;

- N'écoutez plus les informations, ou limitez grandement les plages horaires pendant lesquelles vous les consultez ;

- Relevez vos mails et consultez vos réseaux sociaux après avoir atteint votre objectif de travail à haute concentration, si possible après votre journée de travail ;

- Pratiquez la méditation de pleine conscience : même à partir de 5/10 minutes par jour, vous pouvez observer des bénéfices au quotidien, en particulier sur votre capacité de concentration ;

- Travaillez en mode déconnecté dès que possible, en fermant toute fenêtre inutile de votre ordinateur si vous en utilisez un, en éloignant toute source de perturbation et tout appareil électronique non indispensable ;

- Reléguez vos tâches nécessitant moins de concentration et vos réunions à la fin de vos journées, pour vous laisser le temps de travailler en concentration le plus tôt possible ;

- Essayez de commencer une tâche à haute concentration dès le réveil ;

- Si vous avez du mal à vous concentrer, tentez de prendre une pause de cinq à dix minutes, faites un tour, du sport, buvez un verre d'eau ou toute autre tâche reposante, puis retournez à votre tâche en concentration ;

- Prévenez vos interlocuteurs en leur faisant savoir à l'avance les plages horaires où vous êtes disponibles et enclenchez des messages automatiques pendant vos périodes de *deep work* ;

- Enfin… concentrez-vous sur ce qui est important : vos TLPI et votre temps libre !

Vous voilà j'espère convaincu de la puissance de la concentration, et capable de travailler en deep work pendant plusieurs heures, ce qui va propulser l'avancement de vos projets vers des hauteurs stratosphériques.

À condition de vraiment vous y mettre…

Et c'est là que surgit notre ennemi commun ultime : la **Procrastination**.

ÉTAPE 7 :

Combattre la Procrastination

Un voyage de mille kilomètres commence par un seul pas.
Lao Tzu

Chaque bataille est gagnée ou perdue avant même qu'elle ne soit livrée.
Sun Tzu

La procrastination, ou l'art de remettre au lendemain, est un sujet récurrent. À lire les nombreux blogs et communications sur la question, il passerait presque pour le mal du siècle.

Ce simple mot fait couler beaucoup d'encre et s'agiter les doigts des freelances sur leur clavier pour écrire un énième post intitulé : « Comment arrêter de procrastiner ? », « Arrêtez de procrastiner en cinq minutes », ou encore « Dix astuces pour arrêter de procrastiner aujourd'hui », avec, par exemple :

- Réfléchissez à votre « why » ;
- Sortez prendre l'air ;

- Dites-vous que vous êtes à la hauteur ;
- Faites-vous violence…

Toujours les mêmes conseils, parfois utiles, mais rarement révolutionnaires.

En vérité, être sujet à la procrastination est assez rassurant : c'est avant tout un comportement humain qui peut être accepté, un signal qui nous renseigne et nous aide à adapter notre programme et notre organisation.

Nous allons étudier toutes les astuces qui peuvent vous permettre de tricher avec vous-même et vous obliger à terminer une action que vous savez importante, même quand vous n'en avez pas envie. Et nous n'allons pas parler uniquement de réussir à se motiver et à combattre la procrastination par la force de la volonté, cliché qui est malheureusement très répandu.

Les bons objectifs

La procrastination peut être le signe que les objectifs que vous avez définis ne sont pas les bons, et qu'une fois que vous êtes confronté(e) à la mise en pratique et à l'action, vous n'êtes finalement plus du tout motivé(e).

Ce point n'est pas à négliger si vous constatez que ce souci de procrastination n'est pas seulement un problème passager, mais qu'il est récurrent. Dans ce cas, pas d'autre solution que de réinterroger vos motivations profondes : est-ce vraiment ce projet que vous devriez être en train de réaliser ? Êtes-vous sûr(e) d'avoir choisi vos objectifs par conviction et en réfléchissant à votre pourquoi ?

Si le doute persiste et que vous n'êtes plus tout à fait sûr(e), la solution est simple : retourner à la phase d'introspection du chapitre 2.

Mais avant de replonger dans l'introspection, vous pouvez aussi décider de tester d'abord une des techniques qui suivent pour en avoir le cœur net. Si aucune ne vous permet de passer cet obstacle et de repartir de l'avant avec vos tâches et votre projet, c'est peut-être qu'il faudra sérieusement songer à remettre en question le sens qu'ils font avec votre vision.

Visualisez votre progression

Il n'y a pas de meilleure façon de booster sa motivation que de sentir que l'on progresse, ce qui est parfois difficile en fonction du projet.

Essayez de mesurer et de visualiser votre succès au quotidien en utilisant des indicateurs bien adaptés :

- Vous écrivez le premier jet de votre nouveau livre : mesurez le nombre de mots que vous écrivez chaque jour, ou même heure par heure.

- Vous développez une activité de freelance : comptez le nombre de nouveaux prospects qui s'inscrivent à votre newsletter, le nombre de vues de vos posts LinkedIn et Facebook, le chiffre d'affaires du mois en cours.

- Vous cherchez à réduire vos dépenses : mesurez vos économies du mois en cours.

Si vous ne trouvez pas de moyen facile pour vous auto-évaluer, essayez de demander à quelqu'un de confiance de le faire pour vous. Passez un coup de fil à cette personne de confiance, expliquez vos blocages, et demandez-lui un retour honnête de vos derniers résultats.

Mangez votre grenouille (encore !)

Une technique qui marche pour certains, pas pour d'autres : commencez toujours vos journées par la tâche la plus difficile.

On retrouve un des conseils donnés pour mieux prioriser, qui fonctionne aussi pour éviter la procrastination en vous donnant dès le début de la journée de l'énergie qui vous met en mouvement.

Tôt le matin, quand votre énergie est au maximum, si vous réussissez à accomplir une tâche très difficile, toutes les autres vous paraissent très atteignables. Il devient plus facile de passer à la suite, d'enchainer les tâches… et donc d'éviter de rester coincé et de procrastiner.

Commencez par commencer

Un conseil assez classique mais souvent très efficace quand vous n'arrivez pas à vous motiver à passer à l'action : fixez-vous un objectif ridiculement facile pour démarrer.

Cette technique fonctionne dans de nombreuses situations. Elle part du principe que le plus difficile est de se mettre en mouvement, et qu'une fois que vous serez lancé(e), il sera beaucoup plus facile de rester en mouvement et d'augmenter vos ambitions :

⇨ Si vous avez pour objectif de faire votre heure de sport mais que, décidément, vous ne parvenez pas à sortir de votre canapé, donnez-vous pour objectif de faire une minute d'échauffement. Mettez-vous en tenue et faites cette minute d'échauffement : il y a de fortes chances que vous soyez plus motivé(e) à continuer votre séance à la suite de ça.

⇨ Vous devez écrire vos 2 000 mots comme tous les jours, mais aujourd'hui rien n'y fait : vous errez sur Internet et sur les réseaux sociaux sans la moindre envie littéraire. Essayez d'atteindre un objectif beaucoup plus faible, comme écrire 100 mots. C'est toujours possible, même sans inspiration, en reparcourant votre texte des jours précédents, en écrivant un développement qui vous revient à la lecture, en ajoutant un sous-titre, un exemple, une idée. Il en faut peu pour se relancer et se retrouver quelques minutes ou quelques heures plus tard avec de nombreux paragraphes supplémentaires.

⇨ Vous devez travailler sur une commande compliquée d'un client : si vous commenciez par quelque chose de très simple, comme dresser la liste de tout ce qu'il y a à faire pour réaliser votre prestation ? Cela suffit parfois à se lancer. Une fois la liste établie, essayez de commencer le premier point et voyez si cela suffit pour vous remettre dans le bain.

⇨ Vous avez prévu de créer votre première formation vidéo, mais vous n'arrivez pas à vous y mettre ? Et si vous essayiez d'enregistrer une minute de vidéo, sans préparation, en totale improvisation, pour voir ce qui en ressort ? On parie que vous pourrez au moins vous en servir pour le début de l'élaboration de votre plan détaillé ?

Quel que soit le projet et quelle que soit la tâche qui vous rebute sur le moment, il y a toujours moyen de démarrer quelque chose de très facile pour simplement initier la dynamique. Puis de surfer sur cette dynamique en essayant d'enchainer avec la suite.

Préparez votre environnement

En partant du même constat, que c'est parfois le fait de commencer qui est le plus difficile, vous pouvez vous faciliter la vie et donc diminuer le risque de procrastination en préparant tout l'environnement à l'avance, en faisant en sorte qu'il y ait le moins de friction possible au moment de vous y mettre :

⇨ Pour écrire vos 2 000 mots par jour, dédiez un bureau à cette tâche, investissez dans un clavier efficace, dans une chaise confortable, un cahier au grain agréable et un stylo préféré si vous écrivez sur papier. Laissez votre ordinateur allumé ou votre cahier ouvert et vos notes à disposition pour pouvoir écrire sans obstacle dès que l'inspiration se fait sentir ou que l'heure est arrivée de vous y mettre.

⇨ Pour faciliter vos séances de sport, faites de même en ayant toujours votre équipement et votre tenue prêts et à portée de main, toujours au même endroit, accessibles dès que vous en avez besoin pour votre séance.

⇨ Faites de même pour toutes vos TLPI. Préparez la veille vos séances pour que tout soit disponible quand le moment est venu de passer à l'action : instrument de musique prêt et partition en place à l'endroit de votre dernière séance, logiciel de facturation mis à jour et opérationnel pour faire vos comptes, extensions de WordPress à jour et pages à créer bien listées en amont et visibles pour préparer le développement de votre site, etc.

Dès que possible, préparez vos prochaines TLPI en réglant tous les détails techniques à l'avance, pour que rien ne puisse se mettre en travers de votre chemin au moment de passer à l'action.

Le mieux est l'ennemi du bien

Parfois, vous procrastinerez car vous aurez l'impression de ne rien faire de bien. Vous commencerez votre tâche et, au bout de quelques minutes, vous aurez l'impression de ne pas être à la hauteur, de ne pas avoir l'inspiration, de ne rien faire de bon.

C'est souvent votre perfectionnisme qui vous jouera des tours. Vous serez alors tenté(e) de vous arrêter plutôt que de continuer dans la même direction.

Essayez de continuer en faisant abstraction de cette petite voix intérieure qui vous fait douter de la pertinence ou de la qualité de votre travail.

Encore une fois : « Fait vaut mieux que parfait ». Il est toujours possible d'améliorer votre travail plus tard si vous n'êtes pas pleinement satisfait de ce que vous êtes en train de faire. Privilégiez l'action et le mouvement, et si vous avez vraiment l'impression que ce que vous faites n'est pas génial, ajoutez une note sur les parties de votre travail qui ne vous paraissent pas parfaites pour y revenir plus tard. Mais continuez jusqu'au bout de votre dynamique, sans regarder en arrière. Vous aurez tout le loisir de faire des retouches plus tard.

Des échéances imaginaires

Quand on est salarié, on doit rendre des comptes, à un moment où à un autre, à sa hiérarchie. Là où les choses se corsent, c'est quand vous devez rendre des comptes à… personne. Ou plutôt si, à vous-même. Nous ne ressentons pas la même contrainte à agir quand nous sommes les seuls impactés et juges de nos résultats.

C'est ainsi : sans contrainte, la procrastination pointe beaucoup plus fréquemment le bout de son nez.

La parade efficace : créer vous-même ces contraintes. Il existe pour cela plusieurs techniques, des plus légères aux plus engageantes, comme :

- ⇨ Inventer des échéances imaginaires ;
- ⇨ Les matérialiser sous forme de planning visuel que vous pouvez afficher ;
- ⇨ Signer un véritable contrat avec vous-même dans lequel vous vous engagez à l'accomplissement de votre objectif dans les délais impartis ;
- ⇨ Prévoir des contreparties positives et des récompenses à chaque fois que vous franchissez une étape importante.

Et encore mieux : mettre tous ces éléments sur la place publique !

Engagez-vous en public

Il n'y a rien de plus facile aujourd'hui avec les réseaux sociaux qui peuvent, pour une fois, vous aider à être plus productif et à tenir vos engagements.

Un post sur vos réseaux sociaux préférés, et plus de retour en arrière possible, sauf à passer à côté de vos engagements aux yeux et au su de tous…

C'est souvent suffisamment motivant pour vous forcer à atteindre vos objectifs, car vous n'avez pas envie d'avoir à vous expliquer sur un retard ou un échec éventuel.

Détaillez vos objectifs et communiquez-les en détails à vos principaux contacts. Vous pouvez utiliser un calendrier en ligne avec des rappels, et inviter certains de vos contacts pour vous engager davantage et que vos échéances soient facilement vérifiables.

Travaillez en équipe

Une autre solution pour renforcer votre engagement et réduire encore la possibilité de ne pas tenir vos objectifs et vos échéances : avoir recours à un ou plusieurs partenaires de responsabilité.

Il vous suffit de trouver un ou plusieurs acolytes qui ont eux aussi l'envie et le besoin de surmonter leur tendance à la procrastination. Même sur des projets complètement différents, il vous suffit de partager vos objectifs respectifs et de prévoir des réunions d'avancement à intervalles réguliers.

Si vous vous savez sujet au risque de procrastination, ne restez pas dans votre coin, car vous n'êtes pas seul(e) dans ce cas. Partager vos échéances et vos difficultés avec une ou plusieurs personnes peut vraiment changer complètement la donne si vous n'avez jamais tenté l'expérience et avez plutôt l'habitude de vouloir vous débrouiller seul(e).

Résultats garantis !

En dernier recours : débarrassez votre assiette !

Si malgré tous vos efforts, vous êtes dans une journée « sans », alors tentez cette dernière solution : faites quelque chose.

Quoi que ce soit de constructif, même si cela n'a rien à voir avec vos TLPI et vos objectifs, faites quelque chose !

C'est l'inverse de tout ce que nous avons vu dans ce livre, et cette solution n'est à utiliser qu'en dernier ressort : réaliser une tâche, quelle qu'elle soit. Celle qui vous donne le plus envie, même si elle n'a que très peu d'impact, comme relever vos mails, faire un peu de ménage, préparer votre poste de travail pour plus tard, faire la cuisine, du rangement.

Quoi que ce soit qui vous dégagera un peu l'horizon quand vous serez à nouveau dans de bonnes dispositions, et idéalement quelque chose qui vous avance sur des tâches, même moins importantes, mais que vous auriez eu à faire à un moment ou à un autre.

Attention : cette solution de secours est à double tranchant et doit rester exceptionnelle. Vous ne devriez pas y recourir plus d'une seule fois par semaine par exemple, au risque d'oublier ce qui est vraiment important et de voir de la fausse urgence partout.

Conclusion

C'est donc la fin de ces 7 Techniques pour Gagner du Temps. J'aurais pu écrire encore beaucoup sur ce sujet passionnant, et je l'ai d'ailleurs fait. Mais nous avons préféré, avec Séverin, condenser et réduire ce livre à l'essentiel pour vous faciliter sa lecture et son assimilation.

D'expérience, je sais que les livres de développement personnel de type « bibles », par leur taille, finissent trop souvent oubliés au fond d'un tiroir, sans avoir enclenché la moindre action positive pour le lecteur.

Je rêve que celui-ci ne connaisse pas le même destin ! C'est pour cela qu'il va droit au but, et se concentre sur les fondamentaux pour vous rendre maitre de votre emploi du temps :

1. ***Simplifier :*** débarrassez-vous des « vampires temporels ».
2. ***Clarifier :*** travaillez sur votre « pourquoi » et vos aspirations profondes.

3. ***Prioriser :*** choisissez dans quel ordre vous devriez accomplir vos tâches.
4. ***Planifier :*** prenez l'habitude de planifier vos occupations, même si ça peut sembler contraignant au début.
5. ***Multiplier :*** utilisez des techniques plus avancées pour amplifier encore votre temps disponible.
6. ***Se concentrer :*** apprenez à travailler en concentration totale.
7. ***Combattre la procrastination*** *:* ne comptez pas sur votre volonté pour vous motiver, mais sur des techniques logiques qui ont fait leurs preuves.

Ces conseils relèvent généralement du bon sens, mais les suivons-nous au jour le jour ? Bien souvent, non. Moi le premier, j'ai beaucoup appris en écrivant ce livre, qui a réellement et positivement impacté mon quotidien, en le remettant sur des rails bien plus droits que précédemment.

J'espère de tout cœur qu'il aura le même effet sur vous, et vous poussera à revoir votre organisation pour la mettre au service de vos objectifs, et plus largement, de votre bien-être.

Si vous avez la moindre question, remarque ou suggestion, vous pouvez me contacter à l'adresse suivante :

dimitri@sidehustlefrance.com

Bonne organisation à vous !

Dimitri et Séverin

Qu’en avez-vous pensé ?

Laisser votre avis à propos du livre sur Amazon, même succinct, nous aide *énormément*. Pensez à la règle des deux minutes : si une tâche importante peut se réaliser en moins de deux minutes, vous avez intérêt à l’accomplir tout de suite, au risque de la reporter indéfiniment. Voilà une excellente occasion de vous entrainer 😉

Alors même si c’est pour n’écrire que quelques mots, Séverin et moi vous serions extrêmement reconnaissants de nous laisser votre ressenti dans un commentaire :

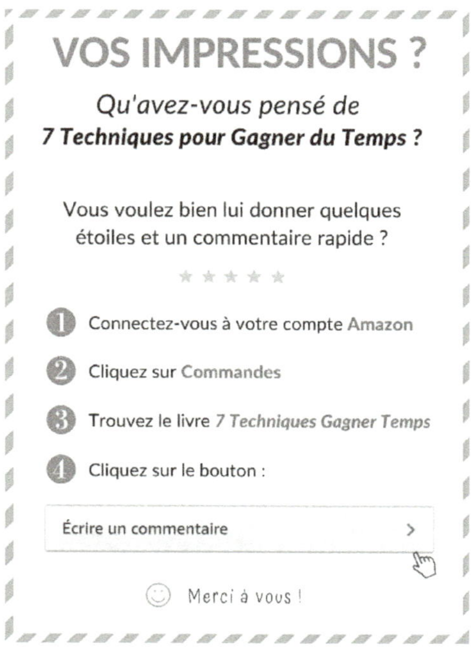

Merci encore de votre confiance. Nous vous souhaitons de prendre beaucoup de plaisir et de rencontrer beaucoup de succès dans toutes vos futures aventures !

Bien à vous,

Dimitri et Séverin.

Votre Bonus

Ne partez pas sans télécharger votre ***Pack VIP pour Gagner du Temps***

De nombreux bonus à ne pas louper et toutes les actualités de la série des ***7 Techniques :***

https://bit.ly/GTEMPS

À propos des auteurs

Dimitri Carlet est auteur, entrepreneur et en recherche permanente de nouvelles idées à expérimenter dans les domaines du développement personnel et de l'entrepreneuriat.

Sa mission est d'aider un maximum de personnes à concrétiser leurs idées et à gagner en indépendance et en liberté.

Il est le fondateur des sites https://sidehustlefrance.com et https://selfkaizen.com.

Séverin Sauzède est auteur, rédacteur web professionnel, spécialiste en rédaction optimisée pour les moteurs de recherche et créateur du site Rédacteur libre.

Curieux de nature, autodidacte, passionné des mots et d'Internet, il est diplômé de la Faculté de droit et de science politique d'Aix-en-Provence, titulaire d'un Master Recherche avec mention en Économie, spécialité « Institutions et décisions ».

Plus d'informations sur https://redacteurlibre.com/

Des mêmes auteurs

Dimitri Carlet

Série 7 Techniques :

➟ 7 Techniques pour Développer votre Référencement Naturel : Recettes SEO express pour faire grimper votre site dans les moteurs de recherche

Développement personnel :

➟ Q&A - Questions et Action : Prendre le contrôle, Passer à l'action et Vivre ses rêves

➟ Question Yourself: 70+ Questions to Redesign Your Life and Start Living your Dreams! (English Edition)

Séverin Sauzède et Dimitri Carlet

➟ 7 Techniques pour se Lancer en Rédaction Web : Transformez votre passion des mots en revenus grâce aux plateformes freelance

➟ 7 Techniques pour Lancer votre Side Business : La méthode express pour vous lancer dans l'entrepreneuriat sans risque

➠ 7 Techniques pour Augmenter vos Revenus 2.0 (mise à jour 2020)

➠ 7 Techniques pour décoller en ***Rédaction web*** (à venir)

➠ 7 Techniques pour Développer votre Référencement Naturel - ***SEO pour Auteur*** (à venir)

Retrouvez toute la série des 7 Techniques :

Créez votre activité sans risque grâce au Side Business

252 pages pour trouver une idée et la transformer en ***side business rentable***, vous organiser et réussir à vous lancer en une heure par jour, entreprendre sans risque et sans investissement financier important, lancer votre side business en accéléré, gagner rapidement des revenus complémentaires intéressants.

Monétisez votre plume et générez de l'argent en joignant l'utile à l'agréable

Vous aussi, transformez votre passion des mots en revenus grâce à ces 7 étapes pour ***se lancer en rédaction web***. Des exemples, des conseils, un guide pas à pas, 250 pages de ressources et bonus inclus.

Faites fructifier votre site ou votre business en ligne grâce au référencement naturel SEO

190 pages pour augmenter votre visibilité et votre ***chiffre d'affaires***. Exercices pratiques, conseils, cas réel et check-list SEO incluse.

Toute la série disponible ici :

bit.ly/SERIE7TECH

Bonne lecture !

7
Techniques pour Gagner du Temps

CAHIER D'EXERCICES

version PDF : **https://bit.ly/GTEMPS**

Introduction

Bienvenue dans le cahier d'exercices des 7 Techniques pour Gagner du Temps. Ce guide remplit un double rôle : synthétiser le livre, en vous fournissant le condensé de ses principaux enseignements ; vous faire travailler sur les enseignements par des exercices, questions et interrogations à rédiger vous-même.

Le but est clair : **vous faire passer à l'action** ! Il s'agit d'exploiter les connaissances, techniques et astuces du livre pour les implémenter concrètement dans votre vie. Si vous lisez le livre, le reposez et vous dites « super, demain, je m'y mets », tout ce que vous aurez appris restera lettre morte. Notre objectif étant de vous aider à améliorer votre situation, nous avons conçu ce cahier d'exercices pour éviter cet écueil, et vous faire travailler sur votre gestion du temps de la façon la plus ludique et efficace possible.

Emparez-vous d'un crayon, imprimez le cahier ou utilisez votre propre support, et **écrivez réellement** les réponses attendues ! Cela vous forcera à appliquer les principes que vous aurez découvert, et ancrera beaucoup plus vos engagements que si vous vous contentez de prendre des décisions mentalement.

Idéalement, prévoyez quelques heures pour remplir le cahier à tête reposée. Ce travail et ces heures investies seront rentabilisées en un temps record !

Vous avez du temps devant vous, l'esprit clair, et un crayon en main ?

Alors…

C'est parti !

SIMPLIFIER

Première étape indispensable pour gagner du temps : simplifier votre emploi du temps, et éliminer ou raccourcir les activités les moins productives ou exaltantes pour vous.

Qu'allez-vous éliminer/diminuer/optimiser ?

☐ Télévision : réduire de ____ minutes/heures par jour

☐ Réseaux sociaux : réduire de ____ minutes/heures par jour

☐ Netflix : réduire de ____ minutes/heures par jour

☐ YouTube : réduire de ____ minutes/heures par jour

☐ Jeux vidéo/applications mobiles : réduire de ____ minutes/heures par jour

☐ Mails : relever uniquement ____ fois par jour.

Gain de temps : ____

☐ Mails : limiter les réponses à cinq lignes.

Gain de temps : ____

☐ Réunions : annuler ou décliner les moins importantes.

Gain de temps : ____

☐ Réunions : commencer et terminer à l'heure.

Gain de temps : ____

☐ Réunions : prévoir une durée quand il n'y en a pas, réduire quand il y en a.

Gain de temps : ____

☐ Interruptions : ne faire qu'une tâche à la fois.

Gain de temps : ____

☐ Interruptions : supprimer les notifications, travailler loin du téléphone.

Gain de temps : ____

D'autres pistes :

- éviter de discuter avec des gens inintéressants ou que vous n'appréciez pas ;
- ranger votre espace de travail, réel comme virtuel ;
- investir dans un outil de travail plus rapide ;
- ne pas discuter de tout et de rien avec les collègues, pour essayer de finir plus vite votre travail salarié ;
- apprendre la dactylographie.

Temps économisé au total par jour : ____ heures

Par semaine : ____ heures

Apprendre à dire « non »

Sachez refuser de nouveaux engagements inutiles pour gagner du temps pour vous et les projets qui comptent vraiment. Quelques astuces pour dire non efficacement :

☐ Ne pas répondre tout de suite à une nouvelle demande (orale comme écrite). Faire une pause peut suffire à ce que l'interlocuteur annule son offre de lui-même.

☐ Temporiser : pour ne pas froisser avec un « non » en direct, dire que vous allez y réfléchir, puis, plus tard, décliner.

☐ Dire « non, mais » : par exemple, « non, pas cette fois, mais quand j'aurai plus de temps dans le futur, nous pourrons en reparler ».

☐ Activer un message d'absence quand vous travaillez sur une tâche importante. La demande a de bonnes chances de disparaitre le temps que vous en preniez connaissance.

☐ En cas d'impossibilité de refuser (contrainte professionnelle par exemple), demander au prix de quelle autre tâche il faut accepter de prendre en charge la nouvelle (car votre temps et votre productivité ne sont pas infinis).

Notez aussi que vous n'avez pas forcément à vous justifier. Décliner une invitation ou une demande en disant simplement « désolé, je ne peux vraiment pas accepter » peut très souvent faire l'affaire.

Dans le cas où il s'agit d'un événement ponctuel pouvant éventuellement entrer dans vos plans, mais pas à ce moment-là, envisagez sincèrement de refuser le jour J, et de reproposer plus tard, à une date qui vous arrange.

Not-to-do list

Dressez la liste des tâches ou habitudes improductives qui vampirisent votre temps, afin d'en retrouver pour vous.

Composer sa not-to-do list

Pendant une semaine par exemple, notez réellement à quoi vous passez vos journées, pour identifier les sources de gaspillages potentielles.

Identifiez les occupations suivantes :

- Les sollicitations impromptues que vous n'avez pas su refuser
- Les activités insignifiantes ou non essentielles, que vous faites sans forcément y penser
- Les mauvaises habitudes ou routines qui vous font perdre du temps

	LUNDI
6 – 7 h	
7 – 8 h	
8 – 9 h	
9 – 10 h	
10 – 11 h	
11 – 12 h	
12 – 13 h	
13 – 14 h	
14 – 15 h	
15 – 16 h	
16 – 17 h	
17 – 18 h	
18 – 19 h	
19 – 20 h	
20 – 21 h	
21 – 22 h	
22 – 23 h	

	MARDI
6 – 7 h	
7 – 8 h	
8 – 9 h	
9 – 10 h	
10 – 11 h	
11 – 12 h	
12 – 13 h	
13 – 14 h	
14 – 15 h	
15 – 16 h	
16 – 17 h	
17 – 18 h	
18 – 19 h	
19 – 20 h	
20 – 21 h	
21 – 22 h	
22 – 23 h	

	MERCREDI
6 – 7 h	
7 – 8 h	
8 – 9 h	
9 – 10 h	
10 – 11 h	
11 – 12 h	
12 – 13 h	
13 – 14 h	
14 – 15 h	
15 – 16 h	
16 – 17 h	
17 – 18 h	
18 – 19 h	
19 – 20 h	
20 – 21 h	
21 – 22 h	
22 – 23 h	

	JEUDI
6 – 7 h	
7 – 8 h	
8 – 9 h	
9 – 10 h	
10 – 11 h	
11 – 12 h	
12 – 13 h	
13 – 14 h	
14 – 15 h	
15 – 16 h	
16 – 17 h	
17 – 18 h	
18 – 19 h	
19 – 20 h	
20 – 21 h	
21 – 22 h	
22 – 23 h	

	VENDREDI
6 – 7 h	
7 – 8 h	
8 – 9 h	
9 – 10 h	
10 – 11 h	
11 – 12 h	
12 – 13 h	
13 – 14 h	
14 – 15 h	
15 – 16 h	
16 – 17 h	
17 – 18 h	
18 – 19 h	
19 – 20 h	
20 – 21 h	
21 – 22 h	
22 – 23 h	

	SAMEDI
6 – 7 h	
7 – 8 h	
8 – 9 h	
9 – 10 h	
10 – 11 h	
11 – 12 h	
12 – 13 h	
13 – 14 h	
14 – 15 h	
15 – 16 h	
16 – 17 h	
17 – 18 h	
18 – 19 h	
19 – 20 h	
20 – 21 h	
21 – 22 h	
22 – 23 h	

	DIMANCHE
6 – 7 h	
7 – 8 h	
8 – 9 h	
9 – 10 h	
10 – 11 h	
11 – 12 h	
12 – 13 h	
13 – 14 h	
14 – 15 h	
15 – 16 h	
16 – 17 h	
17 – 18 h	
18 – 19 h	
19 – 20 h	
20 – 21 h	
21 – 22 h	
22 – 23 h	

Voici des exemples d'éléments de not-to-do list assez courants, qui peuvent vous inspirer :

- Pas de mail au réveil ou au coucher
- Pas de mail avant d'avoir accompli votre première tâche importante
- Pas de réseaux sociaux avant une certaine heure
- Pas de réunions sans ordre du jour ni heure de fin
- Pas de bavardages inutiles sur le lieu de travail
- Seulement trois séances de gestion de mails par jour maximum
- Pas de smartphone à proximité lors de sessions de travail
- Pas d'ajout de nouvelles tâches non prévues à la to-do list du jour
- Ne pas suivre les news avant une certaine heure ; ne le faire qu'une fois par jour maximum
- Ne pas consacrer des heures à des clients/mails problématiques et non rentables
- Ne pas répondre aux numéros inconnus
- Ne pas dépasser une certaine heure pour la fin de sa journée de travail

C'est à vous ! Qu'allez-vous vous interdire pour vous concentrer sur vos missions importantes ?

Optimiser les emails et les réseaux sociaux

Ces deux éléments sont parmi ceux qui vous coûtent le plus de temps et vous apportent le moins de valeur. Voici des astuces pour inverser la tendance : choisissez celles qui vous semblent les plus utiles pour vous, et respectez-les !

☐ Désactiver les notifications des mails et des réseaux sociaux, sur ordinateur comme sur smartphone, notamment sonores

☐ Fermer les applications et sites de mails, réseaux sociaux, etc. Ne pas les mettre en favori, et/ou utiliser des sites ou applications pour en bloquer l'accès lors des phases de travail (voir votre bonus « 31 outils pour gagner du temps » : **https://bit.ly/GTEMPS**

☐ Ne pas commencer ses journées par la boîte mail ou les réseaux

☐ Se connecter à des horaires prévus à l'avance, trois fois par jour maximum, et pour une durée limitée

☐ Traiter tous les mails et messages sur les réseaux d'un coup, en une session unique, plutôt qu'en plusieurs (s'interrompre fait perdre en efficacité)

☐ Prévenir les proches et contacts que vous ne relevez vos mails qu'une fois par jour, et l'indiquer en signature des mails. Communiquer votre numéro uniquement aux personnes qui doivent vous contacter en cas d'urgence, et faire une exception sur votre smartphone pour entendre leurs appels même en mode silencieux

☐ Pour chaque mail ou réaction de votre part qui prend moins de deux minutes à traiter, répondre sur-le-champ et dans la minute, en allant droit au but. Ne pas poser de questions ouvertes à votre interlocuteur. Archiver, transférer et supprimer immédiatement ce qui doit l'être, et transformer en action sur la to-do list (pas celle du jour) ce qui est crucial et plus long à gérer.

☐ Ignorer les messages non prioritaires, et simplement **ne pas répondre** à ce qui n'appelle pas *forcément* une réponse.

Organiser son environnement

Un environnement bien rangé, c'est du temps de gagné.

☐ Gérer les papiers dès qu'ils arrivent : prévoyez de gérer votre courrier par paquet, ouvrez toutes vos lettres, traitez ce qui dure moins de deux minutes tout de suite, planifiez ce qui demande une action plus longue, classez tout le reste et jetez les papiers inutiles dans la foulée.

☐ Procéder par étapes, pièce par pièce, endroit par endroit : chaque jour, occupez-vous d'un tiroir, d'un placard, d'une penderie. Sortez tout le contenu et débarrassez-vous de tout ce qui n'est pas capital. Si vous avez un doute, c'est que l'objet en question n'est pas essentiel.

☐ Nettoyer chaque zone nouvellement rangée et contempler le résultat.

☐ Enraciner cette politique de rangement pour en faire une habitude quotidienne ou hebdomadaire, et éviter que le bazar se réinstalle.

Faire une pause

Essentielles pour rester motivé, décompresser et tout simplement mieux vivre, les pauses régulières ne doivent pas être sous-estimées.

Voici des exemples d'activités que vous pouvez pratiquer au quotidien pour couper entre deux sessions de travail :

- Lire
- Faire une sieste
- Se promener dans la nature
- Méditer
- Faire une partie de jeu vidéo
- Planifier une session (de durée limitée) de YouTube, télévision, réseaux sociaux, Netflix…
- Faire du sport, du jardinage, une activité manuelle…
- Sortir faire du shopping, aller au restaurant
- Passer du temps avec votre conjoint et/ou vos enfants

Si votre quotidien devient trop dur, et pour vous ressourcer plus profondément, vous pouvez partir en voyage quelques jours, prendre une retraite dans un autre environnement que le vôtre.

C'est à vous : quelles activités allez-vous planifier pour vous récompenser après une bonne période de travail sur vos tâches importantes ?

Tous les jours, après avoir travaillé _____ minutes/heures sur ______________________, je vais m'accorder ____ minutes/heures pour ____.

Si je parviens à boucler mon projet de ___________________________, ou si j'ai besoin d'une vraie grande coupure, je m'accorderai plus de temps pour ____.

CLARIFIER

Après avoir gagné du temps, prochaine étape : définir les missions qui méritent que vous leur accordiez cette nouvelle richesse temporelle.

Introspection et questions

Prenez tout le temps qu'il vous faut, mettez-vous au calme, et répondez sincèrement aux questions suivantes :

Qu'est-ce que vous aimez faire dans la vie ? Quelles sont vos passions ? Quelle activité vous absorbe au point d'oublier de manger ?

____

____

Qu'est-ce qui vous enthousiasmait quand vous étiez enfant ? Que pouvez-vous faire maintenant pour retrouver le même enthousiasme ?

____

____

Quels sont vos talents naturels (demandez à vos proches si vous ne trouvez pas) ? Quelles sont les choses que vous faites naturellement très bien, sans y penser ?

____

____

Si vous pouviez exceller dans un seul domaine, lequel choisiriez-vous ?

Quelles sont vos valeurs ? Qu'est-ce qui est important pour vous ? Quelles sont les choses les plus importantes dans votre vie, votre travail et dans tous les autres domaines, personnels et professionnels ?

Quelles sont les qualités que vous souhaiteriez développer et les principes fondamentaux que vous voulez suivre au quotidien ?

Qu'est-ce que vous décideriez de faire maintenant si vous étiez sûr(e) de ne pas pouvoir échouer ?

Quelles sont les choses que vous devriez changer ou arrêter de faire ?

____

____

____

Qu'est-ce que vous aimez apporter aux autres ? Si votre vie devait symboliser un message, quel serait-il ?

____

____

____

Qu'aspirez-vous à faire au cours de votre vie ? Dans les dix prochaines années ? Dans cinq ans ? Dans trois ans ? Cette année ? Ce mois-ci ?

Ce que j'aimerais faire dans ma vie :

____

____

____

____

Ce que j'aimerais faire dans dix ans :

Ce que j'aimerais faire dans cinq ans :

Ce que j'aimerais faire dans trois ans :

Ce que j'aimerais faire cette année :

Ce que j'aimerais faire ce mois-ci :

Astuces supplémentaires

Pour vous aider à découvrir vos objectifs de vie, choisissez de suivre une ou plusieurs des astuces suivantes. Plus vous en adopterez, plus vous irez loin dans votre introspection (mais inutile de vous forcer à faire quelque chose qui ne vous tente pas).

- Dormir : un conseil basique, mais crucial, car le manque de sommeil nuit gravement à la créativité, à l'imagination et à la qualité de vie globale. Si vous pouvez vous le permettre, essayez d'enchainer plusieurs nuits sans mettre de réveil, et/ou d'inclure des siestes dans votre routine quotidienne.

- Journaling : tous les matins ou soirs, ou les deux, pendant au moins 15 jours (idéalement, 30), écrivez dans un journal privé. Cela vous fera découvrir des aspirations profondes que vous ne soupçonniez pas. Des idées de choses à écrire pour s'y mettre : des personnes à recontacter, des choses qui rendraient la journée parfaite, des affirmations positives, des idées au hasard, des choses pour lesquelles vous êtes reconnaissant ; pour le journal du soir, des choses que vous avez faites ou dont vous êtes fier, une idée à creuser, des choses que vous auriez pu mieux faire et allez améliorer. L'essentiel est d'écrire régulièrement : **il n'y a pas de « mauvais » journaling**.

- Affirmations/intentions : si vous avez noté vos principaux objectifs à long terme, même en version 1.0, les relire régulièrement, et idéalement à voix haute tous les matins, peut augmenter leur présence à votre esprit et les préciser au quotidien.

- Visualisation : un des outils pratiqués par de nombreux athlètes ou champions dans de nombreux domaines. Visualiser l'atteinte de vos objectifs dans les moindres détails peut apporter un plus et vous aider à faire des choix plus cohérents au jour le jour.

- Affichage, tableau de visualisation : ce n'est pas un hasard si le management visuel est en vogue dans de nombreuses entreprises. Affichez vos objectifs à un endroit où vous passez tous les jours et ne pouvez pas les manquer jouera très certainement un rôle positif. De même que votre not-to-do list sera plus facile à respecter si elle est affichée en gros à l'endroit où vous passez le plus de temps.

C'est à vous : quel(s) conseil(s) allez-vous suivre pour découvrir vos objectifs de vie ?

☐ *Je décide de dormir ___ heures par nuit pendant ___ jours, et/ou de faire une sieste de ____ tous les jours pendant ___ jours.*

☐ *Je décide de consacrer ___ minutes tous les __________ (matins et/ou soirs) pendant ___ jours à écrire mes pensées dans un journal.*

☐ *Je décide de relire et de réciter mes objectifs tous les matins/soirs pendant ___ minutes.*

☐ *Je décide de visualiser l'atteinte de mes objectifs tous les matins/soirs pendant ___ minutes.*

Choisir ses missions : les objectifs SMART

Un objectif mal défini sera très dur à atteindre et peinera à vous motiver. Après avoir découvert les grandes lignes de vos motivations, voici une liste de critères bien connus pour les décrire précisément.

S pour Spécifique

« Aider les autres », ce n'est pas spécifique, « aider mes lecteurs à revoir leur organisation, gérer leur temps et gagner en efficacité », c'est déjà beaucoup plus précis, ou spécifique.

M pour Mesurable

C'est essentiel pour éviter le syndrome du projet sans fin : il doit y avoir un moyen de mesurer que l'objectif est atteint ou non.

« Augmenter la satisfaction client », ce n'est pas mesurable. Mais « diminuer les réclamations clients de 50 % », ça, c'est mesurable.

« Développer mon indépendance financière » n'est pas mesurable non plus. « Réduire mes dépenses de 300 € par mois et augmenter mes revenus de 500 € par mois en tant que coach freelance », c'est mesurable.

A comme Ambitieux (ou Atteignable)

L'idéal est de trouver le juste milieu : votre objectif doit être stimulant sans être trop irréaliste. Il doit vous obliger à développer votre zone de confort sans créer les conditions d'un futur burn-out.

Parfois plus facile à dire qu'à faire, ne passez pas trop de temps à cette étape : vous pourrez toujours ajuster à la hausse ou à la baisse vos ambitions en cours de route.

Tout dépend de votre situation actuelle.

R comme *Relevant* (ou réaliste)

Il existe plusieurs versions pour la lettre « R » du SMART. La version anglaise signifie que l'objectif doit être en phase avec votre vision à long terme, avec ce que vous voulez faire de votre vie et le sens que vous voulez lui donner. D'où l'importance des questions et de l'introspection.

T comme Temporel (limité dans le temps)

Un élément très important : vous devez définir une date limite pour votre projet, sinon il ne s'arrêtera jamais. Avoir une échéance en tête est souvent un élément très motivant et qui nous pousse à l'action, en particulier si cette échéance est courte.

C'est à vous : quels sont vos un à trois objectifs SMART ?

Objectif A :

J'ai pour objectif de :

____

____

Pour cela, mon objectif est Spécifique et consiste précisément à :

____

____

Il est Mesurable : voici le résultat chiffré que je vais atteindre :

____

____

Il est Ambitieux mais atteignable, car je pars de ____________________________ pour arriver à

____

Il est Relevant/Réaliste, car il correspond à mon souhait de ____________________.

Il est Temporel : je me donne ____________________ pour y parvenir.

Objectif B :

J'ai pour objectif de :

____

____

Pour cela, mon objectif est Spécifique et consiste précisément à :

____

____

Il est Mesurable : voici le résultat chiffré que je vais atteindre :

____

____

Il est Ambitieux mais atteignable, car je pars de ______________________________________ *pour arriver à* ____

Il est Relevant/Réaliste, car il correspond à mon souhait de ____________________________.

Il est Temporel : je me donne ________________________ *pour y parvenir.*

Objectif C :

J'ai pour objectif de :

____

____

Pour cela, mon objectif est Spécifique et consiste précisément à :

____

____

Il est Mesurable : voici le résultat chiffré que je vais atteindre :

____

____

Il est Ambitieux mais atteignable, car je pars de ____________________________ pour arriver à

____

Il est Relevant/Réaliste, car il correspond à mon souhait de ____________________.

Il est Temporel : je me donne ____________________ pour y parvenir.

PRIORISER

Il est maintenant temps de s'interroger concrètement sur l'ordre dans lequel vous allez traiter vos tâches, que ce soit à court ou long terme.

Méthode de sélection d'objectifs express

Pour choisir quel objectif SMART prioriser, dans le cas où l'un d'entre eux ne s'impose pas comme une évidence, vous pouvez vous aider du tableau suivant.

Sur chaque objectif (colonnes O1 à O3), vous allez donner une note de 1 à 3 pour chacune des lignes du tableau :

- 1 = Faible
- 2 = Moyen(e)
- 3 = Fort(e)

Il ne vous reste plus qu'à calculer le total pour chacun des objectifs et à choisir celui qui a le score le plus élevé :

Critères	**O1**	**O2**	**O3**
Enthousiasme/Passion que cet objectif/projet génère			
Facilité à définir les prochaines étapes et à passer à l'action			
Je pense à ce projet depuis longtemps > 3 mois = faible, > 1 an = moyen, > 3 ans = fort			
Rapidité prévue des premiers résultats			
Facilité à l'inclure dans mon agenda 1 h/jour = moyen, en dessous = fort, au-dessus = faible			
Coût/investissement financier 3 = gratuit/bon marché, 2 = moyen, 1 = très onéreux			
En faisant abstraction de mes peurs, mon intuition que c'est le bon projet est :			
Amélioration de ma santé/bien-être			
Augmentation de mon temps libre et de mes loisirs			
Amélioration de mon développement personnel (connaissance, compétences, zone de confort, etc.)			
Amélioration de mes finances et de mon indépendance financière, de ma carrière/vie professionnelle			
NOMBRE DE POINTS TOTAL			

Vous pouvez bien sûr adapter les critères, en ajouter et en supprimer en fonction de ce qui vous semble important et des facteurs à considérer pour faire le bon choix.

La liste de priorité de vos objectifs après calcul :

Objectif à accomplir en premier :

____

____

Objectif à accomplir en deuxième :

____

____

Objectif à accomplir en troisième :

____

____

(Rien ne vous empêche d'en découvrir d'autres par la suite, mais essayez de ne pas multiplier les objectifs avant d'avoir accompli les premiers).

Deux questions pour vous aider à faire des (bons) choix

Un nouveau client, une retouche sur une commande, une nouvelle promotion, un nouveau projet au boulot… Les sollicitations qui vous détournent de vos missions sont permanentes. Pour prendre du recul et être conscient de ce qui compte vraiment, à chaque nouveau choix, posez-vous ces deux questions :

☐ *Qu'est-ce que je risque de regretter si je ne change rien et que je ne fais pas les bons choix maintenant ?*

____

____

____

____

☐ *Qu'est-ce que je peux faire maintenant et qu'est-ce que je choisis pour ne pas avoir de regrets plus tard ?*

____

____

____

____

Diviser ses objectifs et se focaliser sur l'important

Même en répondant aux critères SMART et en étant bien défini, un objectif peut être angoissant, au point de ne pas réussir, ou difficilement, à s'y lancer avec efficacité.

Pour éviter cela, il est indispensable de le diviser en plusieurs étapes, elles-mêmes divisées en plus petites phases, etc. Si vous avez décidé d'écrire un livre en trois mois par exemple, ne vous contentez pas de planifier « écrire un livre en trois mois », mais divisez ce plan au moins en trois étapes :

1. Projet 1 : écrire le premier jet en 30 jours
2. Projet 2 : corriger et éditer le manuscrit en 30 jours
3. Projet 3 : planifier le lancement et publier le livre en assurant sa promotion en 30 jours.

Vous pouvez même diviser chaque mini-projet en d'autres étapes. Par exemple, pour écrire le premier jet en 30 jours, prévoyez un nombre de mots à écrire par semaine (admettons : 6 000 mots par semaine pendant quatre semaines) ; puis, pour chaque semaine, calculez un nombre de mots à écrire chaque jour (1 000 mots du lundi au vendredi, 500 mots samedi et dimanche, par exemple). Idem pour les phases 2 et 3.

Par la suite, si vous allez très loin dans la division des tâches, et que vous constatez que vous n'arrivez pas à tout faire (sachant que plus vous divisez un objectif en petites tâches, plus elles sont faciles à réaliser), pensez au principe de Pareto : focalisez-vous sur les 20 % de tâches qui génèrent 80 % de vos résultats.

Typiquement, pour l'écriture du premier jet d'un livre, écrire 1 000 mots est plus impactant que faire une heure de recherches, même si la recherche a également son rôle à jouer.

À vous de jouer : divisez vos objectifs au maximum, et focalisez-vous sur les tâches primordiales de chaque étape !

Mon objectif SMART : ________________________________

____

Pour y parvenir, je vais le découper en ____ étapes :

Étape 1 : ______________________________

Sous-étape ***A*** : ________________________________

Sous-étape ***B*** : ________________________________

Sous-étape ***C*** : ________________________________

Sous-étape ***D*** : ________________________________

Étape 2 : ______________________________

Sous-étape ***A*** : ________________________________

Sous-étape ***B*** : ________________________________

Sous-étape ***C*** : ________________________________

Sous-étape ***D*** : ________________________________

Étape 3 : ____________________________________

Sous-étape ***A*** : ____

Sous-étape ***B*** : ____

Sous-étape ***C*** : ____

Sous-étape ***D*** : ____

Vous pouvez bien sûr découper plus, ou moins. Pensez bien à donner **une échéance temporelle** à chaque étape et sous-étape.

Les méthodes pour prioriser au quotidien

Manger le crapaud

Conseil de Brian Tracy : commencez toujours par la tâche la plus difficile, ou que vous avez le moins envie de faire, car c'est bien souvent la plus impactante et importante pour votre objectif.

Chaque jour, posez-vous cette question :

Quelle est la tâche la plus complexe que je pourrais faire aujourd'hui, mais qui contribuerait le plus à l'atteinte de mes objectifs ?

____

Cette réponse définira votre « crapaud », ou tâche par laquelle vous devriez absolument démarrer votre journée.

Loi de l'efficacité forcée

Approche similaire à la précédente, cette loi veut « qu'il n'y ait jamais assez de temps pour tout faire, mais toujours assez de temps pour faire le plus important ».

Par conséquent, répondez aux questions suivantes pour confirmer/découvrir vos priorités quotidiennes :

Quelles sont mes activités à plus forte valeur ajoutée ?

____

____

____

Quelles sont les tâches que je suis le seul à pouvoir faire ?

____

____

____

____

____

Comment puis-je utiliser mon temps de la meilleure des façons à cet instant précis ?

____

____

____

____

____

Matrice d'Eisenhower

Rangez vos tâches au sein de ce système de classement très simple pour évaluer ce que vous devriez absolument faire (ou pas) :

	NON URGENT	URGENT
IMPORTANT		
NON IMPORTANT		

Couper ses pertes

Difficile d'abandonner un projet ou un investissement auquel vous avez déjà consacré beaucoup de temps, même si vous sentez bien que les résultats ne sont pas là et que vous vous êtes sans doute trompé. Il est pourtant capital de le faire pour retrouver du temps pour ce qui compte vraiment. Réfléchissez et répondez objectivement :

Quel projet(s) ayant vraisemblablement échoué pourrais-je officiellement et définitivement abandonner pour me consacrer à autre chose de plus constructif ?

____

____

Hell Yes !

Une technique de Derek Sivers : soit un nouveau projet vous emballe à 100 %, même plus, et vous pouvez envisager de vous y lancer, soit vous devez le refuser. Vous n'avez simplement pas le temps de vous focaliser sur des projets « juste » bien, que vous noteriez 6 ou 7/10.

Avant d'accepter ou de démarrer tout nouveau projet chronophage, posez-vous la question :

Est-ce que j'ai vraiment une révélation à propos de ce projet ? Est-ce qu'il est génial au-delà de toute raison, au point que tout le reste passe au second plan ?

☐ Oui

☐ Non

Si oui, lancez-vous et reprogrammez votre vie. Si non, laissez tomber.

PLANIFIER

Il est désormais temps de planifier concrètement et au jour le jour les tâches qui vous mèneront à vos objectifs, afin d'utiliser au mieux votre temps et d'en perdre un minimum.

Identifier les TLPI (Tâches Les Plus Importantes)

Pour identifier ou confirmer vos TLPI au quotidien, parcourez votre to-do list et, pour chaque tâche, répondez aux questions suivantes :

☐ Cette tâche apporte-t-elle une reconnaissance durable ?

☐ Cette tâche est-elle rentable financièrement, à court terme et si possible à long terme ?

☐ Cette tâche permet-elle le développement de votre notoriété, a-t-elle un effet favorable sur le marketing et la promotion de votre personne ou de votre entreprise ?

☐ Cette tâche peut-elle aboutir à un développement de carrière, une promotion ou une évolution professionnelle significative ?

☐ Cette tâche peut-elle déboucher sur un apport significatif au niveau de votre vie personnelle ?

☐ Cette tâche permet-elle d'apporter une valeur ajoutée à votre entourage personnel et professionnel ?

La ou les tâches qui récoltent un maximum de réponses franchement positives sont vos TLPI.

Durée des tâches

Partant des principes que nous sous-estimons toujours le temps qu'une tâche va nous occuper, et que nous avons tendance à utiliser tout le temps alloué pour réaliser une mission (loi de Parkinson), voici comment vous pouvez imaginer les délais à octroyer à chacune de vos tâches quotidiennes :

Temps idéal par tâche = [temps objectivement anticipé + 50 %] x 0,5

Dans votre planning quotidien, basez vos calculs sur le temps dont vous pensez sincèrement avoir besoin pour réaliser une tâche, que vous augmentez de 50 %.

Par exemple, si vous pensez avoir besoin d'une heure pour écrire 1 000 mots, prévoyez dans votre planning un créneau de 1 h 30.

En revanche, au moment de l'exécution concrète, utilisez un minuteur et essayez de boucler vos 1 000 mots en 45 minutes plutôt qu'en une heure et demie.

Calculez la durée de vos TLPI quotidiennes :

Temps que je planifie pour ma TLPI 1 :

temps objectivement anticipé _____ min/heures x 1,5 = _____

Temps que je planifie pour ma TLPI 2 :

temps objectivement anticipé _____ min/heures x 1,5 = _____

Temps que je planifie pour ma TLPI 3 :

temps objectivement anticipé _____ min/heures x 1,5 = _____

(Vous ne devriez pas vraiment avoir plus de trois tâches **prioritaires** par jour).

Puis essayez de les terminer en avance :

Laps de temps dans lequel je vais terminer ma TLPI 1 :

____ / 2 = ____

Laps de temps dans lequel je vais terminer ma TLPI 2 :

____ / 2 = ____

Laps de temps dans lequel je vais terminer ma TLPI 3 :

____ / 2 = ____

Planification et agilité

Planifier vos journées est un formidable moyen de gagner du temps et de l'efficacité. Vous savez à tout instant ce que vous avez à faire, vous n'hésitez pas sur votre prochaine tâche, vous procrastinez moins et vous diminuez vos chances de vous faire happer par des activités inutiles.

Pour autant, les imprévus existent, et il est utile d'essayer de les… prévoir, paradoxalement. Voici des astuces pour planifier au mieux vos journées du début à la fin, même en cas d'imprévu :

☐ Augmenter la durée allouée à vos tâches. Vous finissez plus tôt ? Formidable, voilà du temps bonus pour vous, pour avancer sur une autre mission importante ou prendre plus de temps de pause.

☐ Prévoir des temps de pause d'au moins 30 minutes. Indispensable pour décompresser, et éventuellement ajuster le planning en cas de petits écarts.

☐ Réviser régulièrement le planning. En cas de coup de fil capital imprévu, de bug informatique ou d'autre pépin qui vient décaler votre planning, sachez réagir sans rester braqué(e) sur vos plans initiaux. Vous pouvez sans doute ne passer que 30 minutes à traiter vos mails plutôt que 45, ou même évacuer des tâches qui s'avèrent finalement dispensables.

☐ Ne pas prévoir de créneaux trop longs. Vous voulez travailler trois heures sur votre TLPI ? Ça part d'un bon sentiment, mais vous risquez l'overdose. Pour commencer, mieux vaut prévoir deux séances d'une heure et demie chacune, espacées d'autres activités ou d'une pause.

☐ Ne pas prévoir de créneaux trop courts. Vous ne paramétrez pas non plus une fusée qui doit se poser sur Mars. Avec un créneau de 15 minutes entre deux tâches par exemple, si vous finissez l'activité précédente sept minutes en retard, et que vous voulez ajustez en commençant la suivante sept minutes plus tôt, votre créneau intermédiaire est réduit à… une minute, et n'a plus aucun sens. Un créneau de 15 minutes passe excessivement vite pour peu que vous le commenciez même avec quatre ou cinq minutes de retard. Privilégiez des activités d'au moins 30 minutes.

☐ Inclure quotidiennement un créneau d'ajustement, « pour rien » : en milieu de journée par exemple, planifier 30 minutes sans aucune tâche spécifique, qui serviront à combler les retards de la première moitié de la journée, à gérer des imprévus ou à moduler la suite du planning. Et si vous n'en avez pas besoin, félicitations, vous pouvez profiter de ces 30 minutes comme bon vous semble.

☐ Se laisser une marge de manœuvre. Que ce soit en acceptant que tout ne sera pas parfait du matin au soir, ou ne planifiant pas 100 % des minutes qui séparent votre coucher de votre lever (notamment en prévoyant plusieurs heures libres, sans planning, le soir), apprenez à ne pas pousser la planification trop loin.

Autre outil de planification : les questions stupides

Répondez-y sincèrement pour vous rendre compte de ce que vous devez réellement planifier en premier :

Si je considère qu'il ne me reste qu'une heure de travail possible pour terminer ma journée, qu'est-ce que je choisis de faire ?

____

Avec un pistolet sur la tempe et si ma vie en dépendait, comment je ferais pour m'en sortir en une heure ? Quelles tâches je choisirais ?

____

____

____

Si je pouvais uniquement ***simplifier*** *pour terminer ma journée, qu'est-ce que j'éliminerais ?*

____

____

____

____

Si je devais absolument rendre ce rapport à mon supérieur, terminer cette présentation ou publier cet article dans une heure maximum, comment je m'y prendrais, sur quoi je me focaliserais en premier, qu'est-ce que j'éliminerais ?

___

___

___

___

Système de gestion des priorités

Les principales qualités que doit revêtir votre système de planification sont les suivantes :

☐ Simplicité

☐ Fiabilité

☐ Accessibilité

Vous pouvez parfaitement vous en tirer avec brio grâce à un simple agenda, ou un cahier et un crayon. Le Bujo, ou Bullet Journal, est un outil intéressant pour aller plus loin. Voici des ressources pour en découvrir plus ou vous apprendre à créer le vôtre :

- https://bulletjournal.com/pages/learn
- https://www.canva.com/fr_fr/decouvrir/creer-bullet-journal-tuto-facile/
- https://journaling.fr/blog/bullet-journal/

Une autre solution est d'utiliser un tableau Trello.

Vous trouverez un exemple détaillé en vidéo ici :

http://bit.ly/2taF69W

MULTIPLIER

Il est l'heure d'aller plus loin et d'utiliser des astuces pour créer et mettre encore plus de temps à votre disposition.

Identifier sa principale contrainte

Souvent, une ou plusieurs contraintes simples mais puissantes expliquent que vous ne parvenez pas à travailler sur vos TLPI. Pour les mettre au jour, répondez aux questions suivantes :

Quels sont tous les freins qui vous empêchent d'aller plus vite à votre objectif ? Qu'est-ce qui vous empêche de manger le crapaud et de vous concentrer sur vos TLPI ?

Dans un monde idéal, comment ça se passerait, et aujourd'hui, qu'est-ce qui vous éloigne de ce monde idéal ?

Partant de ces constats, identifiez vos principaux freins :

Frein 1 :

____

Frein 2 :

____

Frein 3 :

____

Et trouvez ensuite des solutions pour éliminer ou diminuer fortement l'impact de ces freins (par exemple : se lever plus tôt, prendre de bonnes habitudes, arrêter une activité néfaste, changer d'objectif…) :

Solution 1 :

____

Solution 2 :

____

Solution 3 :

____

Planifier ses tâches au bon moment

Le premier réflexe qui consiste à planifier une tâche « au plus tôt » est souvent une erreur, et vous fait vous focaliser sur des tâches qui ne sont pas les plus importantes.

Afin de placer au mieux vos missions dans votre planning, votre emploi du temps ou votre Bujo, pour chaque tâche, répondez à cette question :

Tâche 1 : jusqu'à quelle date maximale puis-je reculer cette mission sans que sa réalisation soit en retard ?

____

Tâche 2 : jusqu'à quelle date maximale puis-je reculer cette mission sans que sa réalisation soit en retard ?

____

Tâche 3 : jusqu'à quelle date maximale puis-je reculer cette mission sans que sa réalisation soit en retard ?

____

Tâche 4 : jusqu'à quelle date maximale puis-je reculer cette mission sans que sa réalisation soit en retard ?

____

Tâche 5 : jusqu'à quelle date maximale puis-je reculer cette mission sans que sa réalisation soit en retard ?

____

Dans le même ordre d'idée, favorisez le *slow*.

Décidez de prendre le temps, de travailler mieux et de favoriser les relations que vous avez avec vos partenaires, vos collègues et vos proches.

Décidez ici et maintenant de prendre le temps nécessaire, pour ceux qui vous aident au quotidien, et pour VOUS !

Aiguiser sa scie : la formation

La formation est un excellent investissement pour multiplier votre temps disponible dans le futur.

Vous pourriez par exemple apprendre la dactylographie, à maîtriser des logiciels, à méditer avant une séance de deep work… Songez-y sérieusement.

Il s'agit de temps dépensé aujourd'hui qui sera très vite amorti demain.

Formation à suivre ou compétence à acquérir 1 :

____

____

Temps dépensé aujourd'hui : _______,

temps gagné demain : _______

Formation à suivre ou compétence à acquérir 2 :

____

____

Temps dépensé aujourd'hui : _______,

temps gagné demain : _______

Formation à suivre ou compétence à acquérir 3 :

____

____

Temps dépensé aujourd'hui : ________,

temps gagné demain : ________

Formation à suivre ou compétence à acquérir 4 :

____

Temps dépensé aujourd'hui : ________,

temps gagné demain : ________

Formation à suivre ou compétence à acquérir 5 :

____

Temps dépensé aujourd'hui : ________,

temps gagné demain : ________

Automatiser

Maintenant que vous avez fait le tri et ne travaillez plus que sur des tâches importantes, vous pouvez vous intéresser à l'automatisation. Voici quelques exemples de tâches répétitives à automatiser, ou au moins, à compiler en processus pour les exécuter extrêmement plus rapidement :

- tâches informatiques routinières
- réponses identiques à des messages et envois de mails groupés
- publications répétitives et cycliques
- rapports que vous élaborez régulièrement
- paiements en ligne
- sauvegardes de données et archivage
- partage sur plusieurs réseaux sociaux
- explications que vous faites régulièrement, sur des sujets qui reviennent constamment

Parmi les solutions d'automatisation possibles, citons les macros Excel, l'utilisation d'un logiciel de gestion client, les règles de tris de votre boîte mail, l'email marketing, une FAQ (réponses aux questions fréquentes) sur votre site, les chatbots automatiques pour répondre aux clients…

Vous trouverez plusieurs outils d'automatisation *dans votre bonus « 31 outils pour gagner du temps » :*

https://bit.ly/GTEMPS

Vous pouvez aussi rédiger un process pour réaliser certaines de vos tâches récurrentes en « pilote automatique », et les exécuter bien plus vite.

À vous de jouer : analysez vos activités de la semaine, et identifiez toutes les tâches répétitives, que vous avez effectuées deux fois ou plus dans la semaine.

Tâche répétitive 1 :

____

Tâche répétitive 2 :

____

Tâche répétitive 3 :

____

Tâche répétitive 4 :

____

Tâche répétitive 5 :

____

Avant de songer à automatiser une tâche, assurez-vous bien de sa pertinence et de son utilité. Puis cherchez une solution d'automatisation (vous pouvez utiliser une recherche Google « automatisation [nom de la tâche] » pour vous aider), ou, s'il n'en existe pas, décrivez un process précis pour la réaliser, de façon à ne plus réfléchir lors de son exécution.

Tâche répétitive 1 :

automatisation avec l'outil ________________________________.

Sinon, process détaillé pour l'exécuter mécaniquement, le plus rapidement possible :

- ____
- ____
- ____
- ____
- ____
- ____
- ____
- ____
- ____

Tâche répétitive 2 :

automatisation avec l'outil ______________________________.

Sinon, process détaillé pour l'exécuter mécaniquement, le plus rapidement possible :

- ______________________________
- ______________________________
- ______________________________
- ______________________________
- ______________________________
- ______________________________
- ______________________________
- ______________________________
- ______________________________

Tâche répétitive 3 :

automatisation avec l'outil ______________________________.

Sinon, process détaillé pour l'exécuter mécaniquement, le plus rapidement possible :

- ______________________________
- ______________________________
- ______________________________
- ______________________________
- ______________________________
- ______________________________
- ______________________________
- ______________________________
- ______________________________

Tâche répétitive 4 :

automatisation avec l'outil ________________________________.

Sinon, process détaillé pour l'exécuter mécaniquement, le plus rapidement possible :

- ________________________________
- ________________________________
- ________________________________
- ________________________________
- ________________________________
- ________________________________
- ________________________________
- ________________________________
- ________________________________

Tâche répétitive 5 :

automatisation avec l'outil ______________________________.

Sinon, process détaillé pour l'exécuter mécaniquement, le plus rapidement possible :

- ______________________________
- ______________________________
- ______________________________
- ______________________________
- ______________________________
- ______________________________
- ______________________________
- ______________________________
- ______________________________

SE CONCENTRER

Identifier les tâches prioritaires et trouver du temps pour les réaliser, c'est bien ; apprendre à se concentrer pour travailler efficacement, c'est encore mieux.

Plages de concentration

Plutôt que de laisser vos périodes de concentration se décider au hasard, préparez-les en fonction de vos capacités, de votre mode de vie et de votre emploi du temps. Choisissez ce qui vous correspond le mieux :

☐ Une retraite productive : prendre une semaine ou plus de vacances entièrement dédiée à la réalisation d'un projet, par exemple l'écriture d'un livre ou la création d'un site.

☐ Un jour spécial deep work : sur cinq jours travaillés dans la semaine, l'un d'entre eux est exclusivement dédié à la création intensive, en concentration maximale, sans le moindre réseau social.

☐ Des plages horaires quotidiennes : d'une durée d'une à trois heures, ces créneaux sont entièrement consacrés au travail en pleine concentration, sans aucune interruption. Alterner ces plages avec d'autres activités plus « légères ».

Cette liste n'est bien sûr pas exhaustive, vous pouvez tester d'autres pistes pour travailler en concentration.

Entraînement à la concentration

Suivez ce programme simplifié pour améliorer votre capacité de concentration :

☐ S'entraîner d'abord sur des tâches simples, comme le jardinage, la cuisine ou la conduite

☐ Se focaliser entièrement sur cette tâche, en essayant de ne penser à rien d'autre

☐ Relever mentalement tout écart de pensée par rapport à la tâche en cours, et se reconcentrer sur l'activité

☐ Recommencer sur d'autres tâches quotidiennes, de plus en plus fréquemment, puis appliquer le processus aux tâches de la to-do list

☐ S'habituer à commencer toute tâche dans cet état d'esprit, et à noter les intervalles de temps entre deux distractions mentales

Préserver sa concentration

La concentration est une ressource limitée. Par conséquent, choisissez parmi les propositions suivantes un ou plusieurs moyens de l'économiser :

☐ Utiliser les transports en commun

☐ S'atteler à la tâche la plus complexe dès le réveil

☐ Se promener dans la nature

☐ Faire la sieste, dormir plus

☐ Méditer

☐ Bannir le multi-tâche

☐ Faire du sport

☐ Limiter ses choix (horaires réguliers, mêmes tenus, menus connus à l'avance…)

☐ Écouter de la musique (si cela vous convient : ce n'est pas le cas de tout le monde), que ce soit pendant les phases de travail ou les pauses

☐ Prévoir des moments de silence et de coupure du smartphone/ordinateur

☐ Organiser un jour ou deux de « détox » digitale complète par mois

☐ Ranger son environnement

☐ Se désabonner des newsletters non lues (la majorité)

☐ Désinstaller les applications inutiles sur le téléphone, couper les notifications des applications que vous gardez

☐ Limiter la consommation d'actualités

☐ Pas de réseaux sociaux ou de mail avant d'avoir réalisé une tâche en deep work

☐ Travailler en mode déconnecté

☐ Reléguer les tâches simples en fin de journée

☐ Ne pas prévoir de tâche complexe dans les deux heures suivant un repas

☐ En cas de difficulté de concentration, faire une pause ou sortir, même dix minutes

☐ Prévoir des répondeurs et messages automatiques pendant les plages de deep work

Planifier sa concentration

En résumé, vous devez tout faire pour préserver votre capacité limitée de concentration pour vos TLPI, vos Tâches Les Plus Importantes. Il est donc essentiel d'en tenir compte dans votre planning quotidien, en prévoyant vos TLPI le plus tôt possible, en ne visant pas d'emblée des créneaux de travail trop longs, et en alternant les tâches complexes, demandant beaucoup de concentration, avec des temps de repos ou d'occupations moins exigeantes.

Voilà un exemple de planning réalisé dans cet état d'esprit :

7 – 8 h	Levé + routines (journaling, lecture, méditation, affirmations, visualisation…)
8 – 10 h	TLPI 1
10 – 10 h 30	Lecture
10 h 30 – 12 h	TLPI 1 (suite et fin)
12 – 14 h	Pause repas + temps libre : réseaux sociaux, YouTube, lecture…
14 – 15 h	Tâche non essentielle 1
15 – 16 h	TLPI 2
16 – 16 h 45	Balade
16 h 45 – 17 h 45	TLPI 2 (suite et fin)
17 h 45 – 18 h 45	Tâche non essentielle 2
18 h 45 – 20 h	Sport
20 – 22 h	Repas, douche, temps en famille, loisirs…
22 h et plus	Podcast, musique, détente, méditation, lecture, planification du lendemain…

Évidemment, c'est une proposition très subjective, qui dépend de la situation de chacun. L'idée est surtout de montrer l'importance de faire coïncider ses TLPI avec les moments où vous avez le plus de chance d'être concentré, et de prévoir avec autant de sérieux les temps de pause que les temps de travail.

C'est à vous : réalisez un planning qui accorde toute leur importance aux pauses et aux temps de sauvegarde de votre concentration entre vos TLPI.

7 – 8 h	
8 – 9 h	
9 – 10 h	
10 – 11 h	
11 – 12 h	
12 – 13 h	
13 – 14 h	
14 – 15 h	
15 – 16 h	
16 – 17 h	
17 – 18 h	
18 – 19 h	
19 – 20 h	
20 – 21 h	
21 – 22 h	
22 – 23 h	

COMBATTRE LA PROCRASTINATION

La procrastination est l'art de remettre au lendemain. C'est l'ennemi ultime qui peut vous empêcher de mettre à profit votre temps pour atteindre vos objectifs, et il semble assez hasardeux d'espérer le combattre par la seule force de votre volonté.

Visualiser sa progression

Rien de plus motivant que de prendre conscience (de manière chiffrée) de sa progression pour lutter contre l'inaction. Remplissez les champs suivants pour vous rappeler votre progression, et prévoyez une mise à jour régulière.

J'ai pour objectif ____

dans ______ *semaines/mois/années.*

J'ai commencé le/en ____________________________________

avec ____________ *abonnés/visiteurs/chiffre d'affaires…*

Après un mois, je suis passé(e) de ______ *à* ______.

Après deux mois, je suis passé(e) de ______ *à* ______.

Après trois mois, je suis passé(e) de ______ *à* ______.

Après six mois, je suis passé(e) de ______ *à* ______.

Après un an, je suis passé(e) de ______ *à* ______.

Manger sa grenouille

Comme vu précédemment, mieux vaut toujours commencer sa journée par la tâche la plus complexe. Plus la journée passe, plus votre concentration et votre motivation diminuent. En démarrant par le plus compliqué (souvent le plus important), vous aurez la satisfaction d'avoir avancé vers vos objectifs, quoi qu'il se passe dans la suite de la journée.

Commencer par commencer

Si vous ne visualisez que l'objectif ultime, et pas les étapes intermédiaires qui y mènent, vous risquez d'être paralysé devant l'apparente montagne de travail qui vous attend, et donc de procrastiner. Pour y remédier, commencez par commencer. Un pas à la fois, comme dans ces exemples :

- Vous devez écrire 1 500 mots aujourd'hui, et n'êtes pas d'humeur du tout ? Écrivez d'abord 100 mots. Ils seront si vite atteints que vous arriverez sans doute naturellement à 200, et de là, vous serez bien plus enclin à continuer.

- Vous avez à réaliser une commande compliquée pour un client, et n'arrivez pas à vous y mettre ? Commencez par lister toutes les étapes intermédiaires pour aboutir au résultat final. Cela vous rendra la mission moins effrayante, et une fois la liste concrétisée, vous pourrez facilement faire la première petite tâche (par exemple, regrouper de la documentation), puis la deuxième, et ainsi de suite.

- Vous prévoyez de faire cent pompes aujourd'hui, mais ne parvenez pas à vous bouger ? Commencez par une série de dix. De cinq même. Une fois arrivé(e) à la cinquième, s'il vous reste de la force, il est très probable que vous poussiez jusqu'à dix, « tant que vous y êtes ». Vous aurez alors plus de facilité à aller plus loin, ou à en rajouter dix autres au compteur très prochainement.

À vous d'imaginer comment commencer chacune des tâches qui vous impressionne :

Tâche 1 : je dois ___________________________________

Pour me motiver à commencer et enclencher la machine, je vais démarrer par ___________________________________

Si tout se passe bien, dans la foulée, je pourrai ______________________, *puis* ______________________.

Tâche 2 : je dois ___________________________________

Pour me motiver à commencer et enclencher la machine, je vais démarrer par ___________________________________

Si tout se passe bien, dans la foulée, je pourrai ______________________, *puis* ______________________.

Tâche 3 : je dois ___________________________________

Pour me motiver à commencer et enclencher la machine, je vais démarrer par ___________________________________

Si tout se passe bien, dans la foulée, je pourrai ______________________, *puis* ______________________.

Se préparer en amont

Comme c'est souvent le premier pas qui coûte le plus, organisez votre environnement pour rendre ce pas le plus facile et intuitif possible. Préparez votre tenue de sport avant le début de votre séance, votre instrument avant votre cours en ligne, ou votre ordinateur ouvert sur votre traitement de texte avant de vous mettre à écrire. Cela peut même être fait la veille.

Qu'allez-vous faire pour favoriser votre passage à l'action ?

Pour m'aider à agir, je décide que ____ jours/heures avant de réaliser ________________ (tâche 1), je vais préparer le terrain en ______________________________.

Pour m'aider à agir, je décide que ____ jours/heures avant de réaliser ________________ (tâche 2), je vais préparer le terrain en ______________________________.

Pour m'aider à agir, je décide que ____ jours/heures avant de réaliser ________________ (tâche 3), je vais préparer le terrain en ______________________________.

Pour m'aider à agir, je décide que ____ jours/heures avant de réaliser ________________ (tâche 4), je vais préparer le terrain en ______________________________.

Astuces supplémentaires

Cochez les solutions qui vous semblent les plus adaptées à votre procrastination :

☐ Fait vaut mieux que parfait : ne restez pas paralysé(e) parce que vous doutez d'atteindre la perfection. Agissez, créez, même si ce n'est pas parfait. Vous pourrez sans doute revenir peaufiner plus tard.

☐ Se donner des échéances : n'avoir aucun compte à rendre ni échéance à tenir est le meilleur moyen de retarder sans fin l'atteinte de ses objectifs. Surtout lorsqu'on travaille pour soi. Imposez-vous une deadline réaliste pour vous forcer à agir. Vous pouvez remplir un contrat avec vous-même :

Je soussigné(e), _______________ (nom/prénom),

m'engage solennellement à ______________________ (objectif)

dans un délai de ___________ semaines/jours/mois.

Pour y parvenir, je travaillerai tous les jours prévus à

______________________ (type de missions qui mènent à l'objectif),

sans exception, afin d'assurer la réalisation de mon objectif.

Fait à

________________, le ___________.

Signature : __________________.

Affichez ce contrat sur votre bureau ou votre zone de travail, pour le garder toujours à l'esprit. Et rédigez-le en votre âme et conscience !

☐ S'engager publiquement : partagez votre objectif et votre échéance avec votre entourage, et/ou les réseaux sociaux, avec une certaine solennité. Cela engage votre responsabilité et votre crédibilité. Les autres vous demanderont régulièrement des nouvelles de vos avancées, ce qui vous poussera à agir pour leur donner des signes positifs de progression.

☐ Travailler en équipe : cela vous engage et vous permet de booster la motivation, de s'entraider, de faire des bilans d'étape réguliers de votre progression… autant de raisons de progresser, justement.

☐ Faire quelque chose d'utile : en dernier recours, si rien n'y fait et que vous ne parvenez pas du tout à avancer sur vos TLPI, faites au moins une activité utile pour votre vie. Ménage, vaisselle, cuisine, rangement, courrier… Cela vous déculpabilisera potentiellement, et vous fera gagner du temps par la suite.

Conclusion

Voilà qui clôture ce cahier d'exercices et cette synthèse du livre « 7 Techniques pour Gagner du Temps ». J'espère que vous avez bien joué le jeu des questions et de la réflexion : c'est un préalable incontournable pour **passer à l'action** et retrouver la maitrise de votre temps et de votre vie.

Si vous vous contentez de lire les exercices, et de vous dire « je les ferai demain, ou la semaine prochaine, quand j'aurai plus de disponibilités », rien ne changera dans votre quotidien. C'est un poncif, mais il est bien réel : il n'y a pas meilleur moment que maintenant pour reprendre les rênes de votre emploi du temps.

Remplir tous les exercices de ce cahier vous prendra du temps, c'est un fait. Mais le gain que vous en retirerez dans le futur, dès demain, sera sans commune mesure avec ces quelques heures de travail à investir aujourd'hui.

Vous ne pouvez définitivement pas vous y atteler tout de suite ? Prévoyez, aujourd'hui même, un créneau pour lire et répondre à toutes les questions de ce guide *dès demain*. Et tenez-vous-y ! Même s'il vous faut trois séances d'une heure, réparties en trois jours, vous ne pourrez jamais mieux dépenser ces trois heures de votre vie.

Prenez ces exercices comme un jeu de Lego. Avec eux, vous allez pouvoir bâtir le mode de vie qui vous correspond et vous épanouit. C'est un peu d'investissement personnel, mais surtout, une aventure ludique et passionnante !

Pour toute remarque ou question sur le livre comme sur ce cahier, vous pouvez m'écrire à l'adresse dimitri@sidehustlefrance.com, je vous répondrai avec grand plaisir.

Nous vous souhaitons beaucoup de plaisir et de réussite dans la reconquête de votre emploi du temps, mais plus encore, de votre vie !

Dimitri et Séverin.

Qu'en avez-vous pensé ?

Laisser votre avis à propos du livre sur Amazon, même succinct, nous aide *énormément*. Pensez à la règle des deux minutes : si une tâche importante peut se réaliser en moins de deux minutes, vous avez intérêt à la réaliser tout de suite, au risque de la reporter indéfiniment. Voilà une excellente occasion de vous entraîner 😉

Alors même si c'est pour n'écrire que quelques mots, Séverin et moi vous serions extrêmement reconnaissants de nous laisser votre ressenti dans un commentaire !

Merci encore de votre confiance. Nous vous souhaitons de prendre beaucoup de plaisir et de rencontrer beaucoup de succès dans toutes vos futures aventures !

Printed in France by Amazon
Brétigny-sur-Orge, FR

16740498R00109